戏剧与影视学科经费资助出版

大演艺视域下
非物质文化遗产与
文旅融合创新发展

以西南地区为例

刘　翔　熊鹏程◎著

中国戏剧出版社
CHINATHEATERPRESS

图书在版编目（CIP）数据

大演艺视域下非物质文化遗产与文旅融合创新发展：以西南地区为例/刘翔，熊鹏程著．--北京：中国戏剧出版社，2024.6.--ISBN 978-7-104-05520-4

Ⅰ．F592.7

中国国家版本馆 CIP 数据核字第 2024C4H576 号

大演艺视域下非物质文化遗产与文旅融合创新发展：以西南地区为例

责任编辑：曹 静
责任印制：冯志强

出版发行	中国戏剧出版社
出 版 人	樊国宾
社 址	北京市西城区天宁寺前街 2 号国家音乐产业基地 L 座
邮 编	100055
网 址	www.theatrebook.cn
电 话	010-63385980（总编室） 010-63381560（发行部）
传 真	010-63381560

读者服务：010-63381560
邮购地址：北京市西城区天宁寺前街 2 号国家音乐产业基地 L 座

印 刷	北京九州迅驰传媒文化有限公司
开 本	787mm×1092mm 1/16
印 张	14.5
字 数	180 千字
版 次	2024 年 6 月 北京第 1 版第 1 次印刷
书 号	ISBN 978-7-104-05520-4
定 价	90.00 元

版权专有，违者必究；如有质量问题，请与出版社联系调换。

序 言

非物质文化遗产凝结着中华民族的智慧,是中华优秀传统文化的重要组成部分,是中华民族世代相承的传统文化表现形式,是我国各族人民世代相传的习俗记忆,具有鲜明的地域性、民族性、多样性、历史性与非物质性,是鲜活而生动的历史文化生活现场,是历史的见证,也是民族情感、民族凝聚力的一个重要载体,蕴含着丰富的文化认同感,对于增强民族自信心和凝聚力具有重要作用,对于年轻一代的文化启蒙和爱国主义教育具有积极影响。保护好、传承好、利用好非物质文化遗产,对于繁荣发展文化事业和文化产业、深化文明交流互鉴、推进文化自信自强具有重要意义。

非物质文化遗产也为旅游提供了丰富的文化资源,是旅游创新开发值得挖掘的富矿,是推动文旅产业蓬勃发展的动力源泉。"非遗+文旅"是丰富旅游内容、实现"以文促旅,以旅彰文"、推助文旅创新发展的重要途径。旅游也为非物质文化遗产的传承和创新应用提供了更多现实场景,让非遗在人与人之间实现传播和传承,让非遗依靠口碑和记忆来体现其价值。对扎实做好非物质文化遗产的系统性保护、弘扬非物质文化遗产所蕴含的价值观念和思想情感、激发非遗的生机与活力起到了重要作用。因此,非物质文化遗产保护传承与当代旅游创新发展亟须融合,由此赓续中华文脉、推动中华优秀传统文化创造性转化和创新性发展。

科技发展为非遗活化和旅游创新提供了强大的技术支撑,以虚拟现实、增强现实、人工智能为代表的现代科学技术,将虚拟场景与现实空间进行叠加融合，让游客获得身临其境般的体验，并以前所未有的速度驱动着文化旅游消费的迭代更新，更深层次、更高水平实现非遗与旅游的深度融合发展。也因此，相关领域需要大量人才；也因此，非遗活化及文旅融合创新成为高校的重要研究内容和课题。

本教材作者积极投入相关课题的研究，并探索相关教材的建设方式，是极有价值和意义的事情，因为人才培养是做好非遗保护、传承、发展与创新的关键。期盼：通过大家的共同努力，让非遗传承贯穿高校教育教学与学科建设过程，实现教育链、人才链、产业链、创新链有机融合，构建教育引领、文化赋能、非遗与文旅融合创新发展新范式。

因此，笔者在此作序，表达对作者相关工作的赞许，也望尽己所能，为相关课程建设添砖加瓦。

四川美术学院影视动画学院

2024 年 2 月

前 言

非物质文化遗产所承载的丰富的历史文明信息和文化内涵，是我国历史长河中宝贵的文化资源，也是民族传统文化乃至各民族依存的前提。《"十四五"非物质文化遗产保护规划》[1]明确指出：非遗是中华优秀传统文化的重要组成部分。保护好、传承好、弘扬好非遗，对于延续历史文脉、坚定文化自信、推动文明交流互鉴、建设社会主义文化强国具有重要意义。深入实施非物质文化遗产传承发展工程，是不断增强中华优秀传统文化的生命力和影响力的需要，也是构建各民族共有的精神家园，凝聚实现中华民族伟大复兴的强大精神力量的需要，对实现经济社会的全面、协调、可持续发展具有重要意义。

非物质文化遗产的非物质性、历史性、地域性、活态性和民族性特征表明，非遗作为特殊的文化遗产构成要素的复杂性以及"活态"传承的必然性，随着社会发展及历史语境的不断变化，非物质文化遗产的表现形态始终处在动态的变化过程中，从动态发展的角度出发，"非遗"自身如果没有足够的生命力继续发展下去，将失去其原本的文化内涵和意义价值。"文化遗产资源的保护工作不是将其隔离起来，重要的是要在新的历史条件下重新诠释和重新创造文化意义，促进其发挥蕴含的情感、文化、社会、科学等方面的价值。"[2]

全球网络信息交流高速发展将我们置于一个由高科技突飞猛进推动

---

[1] 中华人民共和国文化和旅游部：《"十四五"非物质文化遗产保护规划》（文旅非遗发〔2021〕61号），2021年5月25日印发。

[2] 苏卉：《文化遗产资源"活化"的动因及策略研究》，《资源开发与市场》，2018年，第99—102页。

全球化进程加速的时代，非物质文化遗产的保护手段、传播路径和接受方式正在发生前所未有的巨大变革。在科技的加持下，数字技术为实施非物质文化遗产保护与传承提供了更多的创新路径；与此同时，新的技术不断催生出新的审美感知，科学技术的发展带来了媒介表现手法的变化，文化艺术的呈现方式也会在新的审美视角和思维下产生新的变化。在艺术与科技的相互作用下，数字非遗资源库的建立为促进非物质文化遗产当代价值转化提供了基础，而非遗的艺术化表征也将成为当代非遗价值转化传承的重要媒介。

现代科学技术革命为文旅创新注入了新的活力。非物质文化遗产作为文化旅游要素的社会价值、经济价值、文化价值及其在传播效能和地域形象塑造方面发挥的作用已受到普遍重视。为了推动文旅发展，需要创新文旅开发模式，加强非物质文化遗产保护与传承，促成文化与旅游的深度融合，以非物质文化遗产作为重要的旅游资源，通过构建"文旅+科技+艺术"的创新路径，深化旅游目的地自然生态景观与历史人文景观的有机融合，提升旅游目的地的吸引力，以旅游者的文化体验实现非物质文化遗产的整体性保护和活态传承，为应对不断扩容的市场需求提供多种应对方案；与此同时，将文旅空间作为非物质文化遗产"活化"的培养皿，通过旅游方式的转变让非物质文化遗产走进现代生活，为促进非物质文化遗产的可持续发展提供良好的空间环境，实现非物质文化遗产旅游的文化价值、社会价值和经济价值的转化。

在以文化要素促进旅游业态繁荣的趋势下，文化与旅游的联系日益紧密，"随着世界对非物质文化遗产保护工作重视程度的提高、非物质文化遗产旅游模式的兴起以及体验经济时代的到来，游客的旅游方式不局限于单一的传统观光，还衍生出更深层次、个性化的体验式旅游"[①]。

---

① 章牧：《非物质文化遗产活化研究——基于文旅融合的视角》，《社会科学家》，2021年，第15—20页。

新型旅游模式突破传统旅游模式限制，促使文旅产业结构适应市场需求不断进行自我修正，文化IP的加持进一步激发出旅游消费市场的无限潜能。

西南地区少数民族众多，在其特殊的地理条件和生态环境的滋养下，民族非物质文化遗产不仅丰富，而且形成了独具西南特色的风格样貌。非物质文化遗产与西南地区的自然空间、人文空间，以及各种物质类文化遗产共同书写了民族文化的发展历程，它既是民族繁荣文明发展的标志，又是历史真实状态的见证者。将西南地区作为非物质文化遗产活化与文旅融合评述的对象，并结合当代语境对其展开针对性论述，能够给予西南地区的文旅发展直接的建议，与此同时，透析当代非物质文化遗产的现实处境，从而探索非物质文化遗产未来发展的更多可能性。

国务院先后于2006年、2008年、2011年、2014年和2021年公布了五批国家级项目名录，前三批名录名称为"国家级非物质文化遗产名录"，《中华人民共和国非物质文化遗产法》实施后，第四批名录名称改为"国家级非物质文化遗产代表性项目名录"。就西南地区而言，第一批入选国家级非物质文化遗产名录的：重庆市13项，四川省27项，贵州省40项，云南省36项，西藏自治区23项，共计139项；第二批入选国家级非物质文化遗产名录的：重庆市16项（新增项目10项，扩展项目6项），四川省78项（新增项目55项，扩展项目23项），贵州省61项（新增项目30项，扩展项目31项），云南省47项（新增项目41项，扩展项目6项），西藏自治区36项（新增项目28项，扩展项目8项），共计238项；第三批入选国家级非物质文化遗产名录的：重庆市10项（新增项目3项，扩展项目7项），四川省15项（新增项目8项，扩展项目7项），贵州省24项（新增项目10项，扩展项目14项），云南省22项（新增项目13项，扩展项目9项），西藏自治区16项（新增项目7项，扩展项目9项），共计87项；第四批入选国家级非物质文化遗产代表性项目名录的：重庆市5项（新增项目2项，扩展项目3项），四川省19项（新增项目8项，扩展项目11项），贵州省15项（新增项目7项，扩展项目8项），云南省17项（新增项目9项，扩展项目8项），西藏自治区13项（新增项目2项，扩展项目11项），共计69项；第五批入选国家级非物质文化遗产代表性项目名录的：重庆市9项（新增项目2项，扩展项目7项），四川省14项（新增项目8项，扩展项目6项），贵州省19项（新增项目9项，扩展项目10项），云南省23项（新增项目19项，扩展项目4项），西藏自治区17项（新增项目5项，扩展项目12项），共计82项。从2006年至2021年，西南地区入选国家级非物质文化遗产的项目总计615项。

"在新的时代背景下非遗对个性文化的诉求在一定程度上是对全球化、城市化、现代化的'反动'与'反思'，是带有后现代意味的文化选择。"[①] 各民族非物质文化遗产的百花齐放是构成人类文化多样性的重要内容，时代的步伐不仅不会消除文化个性，反而更加渴望文化个性的张扬，联合国教科文组织的《保护非物质文化遗产公约》《中华人民共和国非物质文化遗产法》等政策的出台、法律法规的公布正积极推动着文化多样性的塑造。与此同时，《公约》以及非物质文化遗产名录的认定与实施，不仅确认了非物质文化遗产的当代价值，同时也说明了非物质文化遗产在当代如何续存的诸多问题。

---

① 马知遥，常国毅：《非物质文化遗产保护与传承深化阶段——2011—2020年热点问题研究综述》，《原生态民族文化学刊》，2021年，第44—59页。

CONTENTS 目录

序言 …………………………………………………………………… 001
前言 …………………………………………………………………… 001

第一章　非物质文化遗产概述 ………………………………………… 1
　　一、非物质文化遗产的概念与分类 ……………………………… 1
　　二、非物质文化遗产的属性特征与保护原则 …………………… 4
　　三、非物质文化遗产保护与传承的当代价值 ………………… 10

第二章　非物质文化遗产保护与传承现状 ………………………… 14
　　一、技术语境 …………………………………………………… 14
　　二、当代非物质文化遗产面临的困境与挑战 ………………… 15
　　三、非物质文化遗产的保护措施 ……………………………… 18

第三章　当代非物质文化遗产在文旅融合发展中的活态传承与价值转化 …………………………………………………………… 25
　　一、非物质文化遗产与旅游业的双向促进 …………………… 26
　　二、以"数字技术"为媒介，实现非物质文化遗产在旅游中的当代转意 ……………………………………………………… 32
　　三、文旅演艺在当代非遗旅游产业发展中的促进作用 ……… 41
　　四、以数字产业拓展文化旅游发展新格局 …………………… 52

第四章　非物质文化遗产与文旅融合案例·················· 55
　　案例一：黑森林国际旅游度假区概念性策划设计·················· 55
　　案例二：习水小火车旅游策划及概念性规划·················· 77
　　案例三：永川稻草人世界方案设计·················· 150
　　案例四：马湖府古城文化包装和场景营造设计方案·················· 158

第五章　结　语·················· 186

参考文献·················· 188

附录（一）·················· 191

附录（二）·················· 198

附录（三）·················· 211

附录（四）·················· 216

附录（五）·················· 220

第一章

非物质文化遗产概述

一、非物质文化遗产的概念与分类

文化遗产作为一种独特的文化资源，是历史文化记忆的沉淀，是人类智慧的积累和文明的象征，是不同历史阶段的时代产物，亦是人类共同的精神财富。文化遗产包括物质类文化遗产和非物质类文化遗产两类，其中，古遗址、古墓葬、古建筑、石窟寺、石刻、壁画、历史文化名城、街区、村镇以及历史上重要实物、艺术品、文献、手稿等属于物质类文化遗产；口头传统、民俗活动、礼仪节庆、传统手工艺等属于非物质类文化遗产，两者均具有不可再生的资源属性。

非物质文化遗产是各个国家和地区特有的文化表达方式，是人类创造力和创新能力的重要体现。这些遗产通常传承于代代相传的社群和群体中，承载着特定的价值观、知识体系和生活方式。中国作为一个历史悠久的文明古国，不仅有大量的物质文化遗产，而且有着极为丰富的非物质文化遗产，体现了各族人民在长期生产生活实践中创造的丰富多彩的行为活动，是中华民族智慧与文明的结晶，也是连接民族情感的纽带和维系国家统一的基础。

"非物质文化遗产概念的发生和应用起自 2001 年联合国教科文组织遴选第一批'人类口头与非物质遗产代表作'和 2003 年颁布的《保护非物质文化遗产公约》①（以下简称《公约》）。"根据《公约》定义，"非物质文化遗产"是指被各社区群体，有时为个人视为其文化遗产组成部分的各种社会实践、观念表达、表现形式、知识、技能及相关的工具、实物、手工艺品和文化场所。这种非物质文化遗产世代相传，在各社区和群体适应周围环境以及与自然和历史的互动中，被不断地再创造，为这些社区和群体提供持续的认同感，从而增强对文化多样性和人类创造力的尊重。《公约》所定义的"非物质文化遗产"包括：1. 口头传统和表现形式（包括作为非物质文化遗产媒介的语言）；2. 表演艺术；3. 社会实践、仪式、节庆活动；4. 有关自然界和宇宙的知识和实践；5. 传统手工艺。

随着联合国教科文组织宣布人类口头和非物质遗产代表作行动的启动，全球范围内掀起保护、珍视口头和非物质文化遗产的热潮。包括中国"昆曲""古琴"等凝聚中华文化特质的古老艺术在内，多种世界各地的民间艺术均已登上了"人类口头和非物质遗产名录"。

《中华人民共和国非物质文化遗产法》（以下简称《非遗法》）由中华人民共和国第十一届全国人民代表大会常务委员会第十九次会议于 2011 年 2 月 25 日通过并公布，自 2011 年 6 月 1 日起施行。根据《非遗法》规定，非物质文化遗产是指各族人民世代相传并视为其文化遗产组成部分的各种传统文化表现形式，以及与传统文化表现形式相关的实物和场所，其中明确规定：国家对非物质文化遗产采取认定、记录、建档等措施予以保存，对体现中华民族优秀传统文化，具有历史、文学、艺术、科学价值的非物质文化遗产采取传承、传播等措施予以保护。

---

① 联合国教科文组织于 2003 年 10 月 17 日颁布。

《非遗法》中关于非物质文化遗产的分类包括：1.传统口头文学以及作为其载体的语言；2.传统美术、书法、音乐、舞蹈、戏剧、曲艺和杂技；3.传统技艺、医药和历法；4.传统礼仪、节庆等民俗；5.传统体育和游艺；6.其他非物质文化遗产。属于非物质文化遗产组成部分的实物和场所，凡属文物的，适用《中华人民共和国文物保护法》①的有关规定。我国《非遗法》中对于非物质文化遗产的分类与《公约》中的分类有所不同，是根据国情确立的更加具体和合理的分类方法。

非物质文化遗产关系一个民族的文化与精神的传承，相比物质文化遗产在形制、外观、体量、材质上的直观性及其得以确定的历史语境，非物质文化遗产的讨论更加复杂，其中既包含依附于传承人的技艺、经验、精神等活态流变遗产，又包含与之相关的工具、实物、工艺品、文化场所等物质资产，而人类社会的生产生活方式、风俗人情、文化理念、文化基因、精神特质、价值观念、心理结构、气质情感等亦是非物质文化遗产包含的重要内容；与此同时，随着社会发展及历史语境的不断变化，非物质文化遗产的表现形态始终处于动态的变化过程中。因此，对待非物质文化遗产不应像对待文物一样完全保护起来，而应以尊重为前提，促进非物质文化遗产的活态传承，在继承非物质文化遗产中所蕴藏的文化价值和精神价值的同时，不断探索非物质文化遗产当代价值转化的可持续发展路径。

为了更加有效地实施对非物质文化遗产的保护，国务院建立国家级非物质文化遗产代表性项目名录，将体现中华民族优秀传统文化，具有重大历史、文学、艺术、科学价值的非物质文化遗产项目列入名录，这也是作为缔约国履行《公约》义务的必要举措。从2006年第一批非物

---

① 《中华人民共和国文物保护法》，1982年11月19日施行，2017年11月4日第五次修正。

质文化遗产名录的公布到 2021 年，已确立五批全国各个地方具有代表性的非遗项目，为推动非遗的保护、传承和发展提供了有力保障。国家级名录将非物质文化遗产分为十大门类，其中五个门类的名称在 2008 年有所调整，并沿用至今。十大门类分别为：民间文学，传统音乐，传统舞蹈，传统戏剧，曲艺，传统体育、游艺与杂技，传统美术，传统技艺，传统医药，民俗。

二、非物质文化遗产的属性特征与保护原则

非物质文化遗产通常与特定地区或社群的历史、地理、环境和社会背景有关，作为先辈在日常活动中留存到现代的精神财富，被视为极其重要的文化内容，尽管非遗在历史的长河中自然生成、代代相传，随着族群所处环境、与自然界的相互关系和历史条件的变化又不断发展和变化，但人们对非遗的文化认同感始终不变。

（一）非物质特征

非物质特征是非物质文化遗产所具有的无形属性和特质，它强调不依赖于物质形态而存在的品质，通常是以人为核心的技艺、经验、精神，其特点是活态流变，包括民间故事、传说、谚语、神话、传统歌谣和口头诗歌等口头传统；通过实践、学徒制或家族传承而获得的技能和技艺，传统的手工艺技能如纺织、陶艺、木雕、编织等，以及表演艺术如舞蹈、音乐、戏剧等；婚礼、葬礼、宗教仪式、农耕仪式等在特定的社群和群体中具有重要的社会和文化意义的社会实践和仪式，这类遗产充分体现了非遗的非物质属性，反映了特定社群和群体的价值观和认知方式，是对自然、社会关系、道德准则、宗教信仰和世界观的理解和表达。

非物质特征决定了非物质文化遗产是人类精神层面的宝贵财富，是

文化社会的精神载体，对于人类认识和理解自身文化的内涵至关重要。"非物质文化遗产作为过去留下的遗产所关涉的历史却与传统史学所研究的历史不同——它不是客观存在的物质性'事实'，而是影响事实发生的'非物质'因素——规则、技能、习俗、意象、情感、信仰，等等。这都是存在于'事实'背后，充满矛盾、缺失、虚构和不确定性的社会记忆内容。"①

这些非物质特征也对非物质文化遗产的保护、传承和推广提出了挑战。值得反思的是：非物质文化遗产名录是经过个人或团体申报确定的内容，并明确提出以保护和传承的态度对非遗实施抢救，这在很大程度上将濒临失传和灭绝的非遗对象拉回人们的视野，对非遗保护起到了积极的作用。与此同时，为了申报成功，人们似乎将非遗视作濒危物种，开始小心翼翼地观察，解剖式地研究，势有将其束之高阁之态，要知道，在此之前，名录中规定的"非遗"在过去只是人类精神文化生活不可或缺的一部分，它与人类的活动紧密相连，融为一体。我们以什么样的态度面对"非遗"，决定了"非遗"将以何种面貌被当代人接受。非遗的保护与传承需要协调多重因素，创新发展路径，确保其非物质特征持续存在和发展。

（二）历史性特征

非物质文化遗产往往代表了一个社群或群体的历史和传统。这些遗产可以追溯到数百年甚至几千年前，经过代代相传，承载着特定文化的历史记忆和传统智慧。它们是社群身份和认同的重要组成部分，反映了社会、政治、经济和环境等方面的历史变迁。通过遗产的传承和演变，可以展示出不同历史时期的社会变革、文化交流和影响，以及当时人们

---

① 高小康：《活化历史：非物质文化遗产学的学理建设思考》，《文化遗产》，2021年，第1—7页。

对生活、价值观和认知的理解。因此，非遗不可避免地被烙印上一个时代的历史印记。

例如，贵州传统音乐侗族大歌，它起源于春秋战国时期，如今已有2500多年的历史，是在中国侗族地区一种多声部、无指挥、无伴奏、自然和声的民间合唱形式。羌年作为中国四川省羌族的传统节日，于每年农历十月初一举行庆祝活动，节日期间，羌族人民祭拜天神、祈祷繁荣，在释比的细心指引下，村民们身着节日盛装，举行庄严的祭山仪式，杀羊祭神，村民们会在释比的带领下，跳羊皮鼓舞和萨朗舞。"从宏大叙事所记载的政治事件到传统引导的日常生活知识、习俗、仪式与娱乐等，都是集体记忆中所关联的外在经验"①，而这个经验的形成原因只有回溯历史才能真正了解其文化内涵和精神实质。

非物质文化遗产的历史性特征使得它们不仅仅是当前社会的文化表达，更是连接过去与现在、传承与创新的桥梁。非遗的精神内涵在不同历史时期的物质形态有所不同，随着社会发展，与非遗密切相关的自然、社会、人文环境不断发生变化，非遗的历史背景和传承情况也在不断变化，追根溯源，通过对历史性特征的理解和研究，能够更好地认识非物质文化遗产的价值和意义，并采取措施来保护、传承和推广这些宝贵的文化资源。

（三）地域性特征

非物质文化遗产的地域性特征体现了与特定地区、国家或社群之间的紧密联系和地方特色。不同地区有着不同的文化传统，例如，特定的宗教习俗、宗教节日、农耕活动、传统手工艺技术等；用地方方言进行表达形成的口头传统、民间故事、歌曲和诗歌等，这种语言的特色和独

---

① 高小康：《社群、媒介与场景：非物质文化遗产活化三要素》，《中国非物质文化遗产》，2021年，第23—29页。

特之处也成为非物质文化遗产的一部分；每个地区独特的食材、传统的烹饪方法和特色菜肴在很大程度上反映了当地社群的价值观和生活方式；舞蹈、音乐、戏剧、仪式和庆典活动都是地域性特征的重要体现。

"根据中国的行政划分历史和现状来看，非遗保护的中国实践是建立在具有历史文化传统和现代行政资源优势的县域基础之上的"①，由此也可以看出，非物质文化遗产与地域发展之间有着千丝万缕的联系。地域环境是非遗产生、发展、传承的原生场景，"非遗的生命力和可持续发展最终还是要靠其赖以生长的文化土壤，也离不开群体成员的日常生活"②。地域环境对于非遗的保护与传承的重要意义，如同土壤与植物的关系。地理环境和气候条件的差异深刻地影响着非遗的发展和表达方式，非遗文化特征的塑造离不开地域环境，地域环境也为塑造非遗文化的独特性提供了丰厚的土壤。以巴渝传统建筑为例，其外形上表现出适应地形的灵活性和依山傍水的和谐性，充分体现了复杂地形与巴渝文化的相互作用。

地域性特征使得非物质文化遗产在世界范围内呈现出多样性和独特性，也是非遗能够长期留存的极为重要的因素。保护和传承这些特征对于维护地区文化的独特性和多样性至关重要。

（四）活态性特征

"活态性"是非物质文化遗产最重要的特征之一。任何非物质文化遗产都是在与自然、现实、历史的互动中不断发生交互的。"非遗不仅有历史性的一面，也活在当下，走向未来，保护的目的是确保非遗的生

---

① 马知遥，常国毅：《非物质文化遗产保护与传承深化阶段——2011—2020 年热点问题研究综述》，《原生态民族文化学刊》，2021 年，第 44—59 页。
② 马知遥，常国毅：《非物质文化遗产保护与传承深化阶段——2011—2020 年热点问题研究综述》，《原生态民族文化学刊》，2021 年，第 44—59 页。

命力，使其活态传承下去。"①

非物质文化遗产活态的重要意义在于唤醒存在于心灵和情感中的集体记忆，通过记忆的唤醒和民族形象塑造对内能够实现民族团结、构建民族文化自信，"作为心灵体验的集体记忆之所以能够被传承认同，就在于它是'鲜活的'，它是被直观地看到、感知到的。鲜活的记忆体现了某个文化群体在历史发展过程中的心灵体验和情感认同的凝聚过程。从非遗保护的视角来看，包括宗教体验在内的各种非物质文化遗产，其历史性就在于集体记忆活化所形成的文化认同持续建构的过程。形形色色非物质文化遗产的意义内涵，归根结底都凝聚于集体记忆所蕴含的情感共鸣和社会共识上，通过这种文化精神的凝聚力在现代世界形成了各种文化传统的社群性、民族性认同"②。

非物质文化遗产是以人为本的活态文化遗产，非遗的传承离不开人本身，常以身口相传作为连接的关键环节，是"活"的文化形式，因此，对非物质文化遗产传承的过程来说，人的传承就显得尤为重要，尤其是口口相传的历史常在创世神话和传说中被颂扬，对那些鲜少有自己语言文字的民族而言，这不失为一种传播民族历史的有效途径，人的鲜活的生命力正是非遗"活态性"的另一显著表征。

（五）民族性特征

中国是一个多民族国家，每个民族都有独特的文化传统和非物质文化遗产，"民族性"特征是其中一个非常重要的方面。少数民族非遗展现了不同民族的特色和文化身份，每个少数民族都有自己独特的语言、

---

① 马知遥，常国毅：《非物质文化遗产保护与传承深化阶段——2011—2020年热点问题研究综述》，《原生态民族文化学刊》，2021年，第44—59页。

② 高小康：《活化历史：非物质文化遗产学的学理建设思考》，《文化遗产》，2021年，第1—7页。

服饰、音乐、舞蹈、节日等非物质文化表达方式，这些传统被代代相传，并在日常生活、社会仪式和庆祝活动中得以保留和传承。

中国的少数民族分布在不同的地理环境和生态系统中，这种自然环境对其非物质文化遗产的形成和发展产生了深远影响。例如，我国西南地区地形地貌丰富多样，拥有广袤无垠的高原、山地地形，同时盆地、平原、丘陵等地形亦广泛存在。丰富多样的地形种类，造就了西南地区得天独厚的自然优势，让西南地区成为物产丰富、多样的"聚宝盆"。尽管西南少数民族地区自然环境恶劣、气候变化多端，崇山峻岭纵横交错，水、旱等自然灾害不断，然而，正是在这样的环境中生存和发展，锻造出少数民族坚强、忍耐、勇敢、拼搏奋进的精神气质，刚毅的性格，体现了中华各民族的精神风貌，是一种巨大的精神文化遗产。

此外，少数民族地区往往具有一套独立的社会运行逻辑，生活生产方式较为淳朴，经济上自给自足，普遍呈现出较为本真的状态。少数民族崇尚自然，敬畏神灵，他们通过各种仪式化的集体行为面对生死、命运、婚配、祖先、祈福等各种事物，这样的态度和内心的诉求已然渗透到他们的日常生活和文化表达中，各民族以其特有的传统、习惯和行为方式展开实践，形成了具有民族性的文化表征内容，文以化人，是少数民族基于自然需求、社会需求和精神需求的非物质文化实践。

民族性是民族个性、民族审美习惯的"活"的显现，中国的少数民族非物质文化遗产代表了国家的文化多样性，同时也体现了不同民族之间的交流和互动。人们对少数民族"非遗"的重视，特别是濒临消亡的、人口基数小的民族文化的抢救，表明少数民族非遗作为非物质文化遗产非常重要的组成部分，更加迫切地需要实施保护。

三、非物质文化遗产保护与传承的当代价值

"非遗保护的根本问题不在于具体被保护项目的艺术特征和价值的分析判断,而在于非遗保护对传统文化与当代社会发展关系的重新认识,即从文化传统内在的社会整合性、历史延续性、生态多样性和发展活力的视域,认识非遗对社会发展的普遍价值。"[①] 当代非物质文化遗产的生存环境已然发生了巨大的变化,保护好、传承好、利用好非物质文化遗产,对实现当代经济社会的全面、协调、可持续发展具有重要的意义和价值。

(一)历史研究价值

非物质文化遗产的历史性特征决定了其本身的历史研究价值,主要体现在五方面。第一,实施传承和保护:历史研究可以揭示非物质文化遗产的起源、演变和传承方式,帮助传承人和相关社区更好地理解和传承自己的文化遗产,通过了解历史背景和发展过程,确保非物质文化遗产得到正确的传承和保护,防止知识和技艺的流失。第二,获得文化与身份的认同:历史研究有助于人们深入了解自己的文化根源和身份认同。通过研究非物质文化遗产的历史,人们可以更好地认识和感受自己所属文化的独特性,增强文化自信心,并在全球化的环境中保持文化多样性。第三,达成跨文化交流与理解:历史研究可以促进不同文化之间的交流、对话和理解。通过比较研究和跨文化交流,人们可以发现不同文化之间的共同点、相似性和差异性,促进文化交流与融合,促进和谐共存。第四,提升非物质文化遗产保护意识:历史研究为教育提供了丰富的素材和案例,使人们能够了解到非物质文化遗产的历史和文化意

---

① 高小康:《活化历史:非物质文化遗产学的学理建设思考》,《文化遗产》,2021年,第1—7页。

义，通过教育和意识的提升，更好地珍视和保护非物质文化遗产，培养对传统文化的兴趣和尊重。第五，促进文化资源的可持续利用：历史研究可以帮助社会决策者和规划者更好地理解非物质文化遗产的价值，制定相应的政策和措施，促进文化产业的发展和可持续利用，实现文化与经济的良性互动。

（二）社会贡献价值

非物质文化遗产的社会价值体现在维护文化多样性、增强社区凝聚力、促进可持续发展、教育和知识传递以及促进旅游和文化交流等方面，对社会的发展和人们的生活质量具有积极影响。

以中国传统医药为例，传统医药是中国文化宝库中重要的一部分，涵盖了中草药、针灸、推拿等多种疗法和理论体系，保护和传承传统医药不仅能够满足当代人们的医疗需求，还有助于保护和发展中草药资源，促进中医药产业的发展，提供就业机会，推动地方经济的繁荣。川剧变脸是川剧中的一种独特的表演技艺，演员通过迅速换取面具的方式，用面具的图案和颜色变化，表达角色的情绪和心理状态，川剧变脸在文化传承和塑造地方形象的过程中起到了不可忽视的作用。位于成都市的锦绣中华非物质文化遗产博览园是一个以展示和保护中国非物质文化遗产为主题的园区，博览园集中展示了各地的非物质文化遗产项目，包括传统技艺、工艺品、表演艺术等，为人们提供了了解和体验非物质文化遗产的机会，同时带动了地域活力，促进了文化交流和旅游产业的发展。

非物质文化遗产在推进乡村振兴的过程中同样发挥了积极的作用，以"非遗扶贫"为例，国务院扶贫办联合文化和旅游部、中国文联等相关文化机构和企业，通过非遗保护传承和文艺文化宣传等形式，与脱贫攻坚工作深度融合。2018 年，国务院扶贫办和文旅部共同发布了《关于支持设立非遗扶贫就业工坊的通知》,推动了非遗扶贫就业工坊的设立。这些工坊以传统工艺和文学艺术创作为主要内容,依托非遗项目,设立了一批具有鲜明特色、明显带贫效果的工坊。2019 年,印发《关于推进非遗扶贫就业工坊建设的通知》,将非遗扶贫就业工坊纳入各项产业和就业扶贫政策的支持范围。按照贫困村创业致富带头人的遴选程序和标准,选拔非遗代表性传承人,并加大扶持力度,推动贫困人口增收和脱贫工作。这一系列举措有效促进了非遗文化传承与经济发展的结合,为贫困地区增加了持续发展的动力。

(三)经济利用价值

非物质文化遗产在当代应用中具有重要的经济价值,尤其是在推动文化旅游和文化创意产业、手工艺品和传统工艺产业、教育行业等业态的创新发展中表现尤为突出。通过非物质文化遗产的推广,可以塑造具有影响力的文化品牌,促进相关产业的可持续发展,提升地方或国家在全球文化市场的竞争力。

以非物质文化遗产与文化旅游的融合为例,非物质文化遗产具有独特的文化特征和吸引力,具有吸引游客和观光者的效用,通过旅游活动,游客可以体验和了解非物质文化遗产的传统技艺、表演艺术等,从而带动旅游消费和相关服务的需求,由此,旅游业成为助推非物质文化遗产经济价值转化的有效途径。同时,非物质文化遗产也为文化创意产业提供了丰富的素材和创作源泉,激发了文化产品、手工艺品、艺术表演等的创新与发展,传统的手工艺品和传统工艺技艺得以继续存在和发展,进一步形成了独特的产业链和市场需求,为当地经济发展提供了就业机会并创造新的经济增长点。此外,非物质文化遗产作为重要的文化资源,为文化教育和培训提供了丰富的素材和案例,通过教育和培训,年轻一代可以学习和继承非物质文化遗产的知识和技艺,培养专业人才和传承人，推动相关产业和服务的发展。

通过非物质文化遗产经济价值的转化，一方面积累了非遗保护与传承的经济资本，为非遗的可持续发展提供经济保障；另一方面非遗作为文化产业的一种新兴业态，能够适应人民日益丰富的精神文化需求，更好地实现非遗活态传承的当代价值。

（四）艺术审美价值

非物质文化遗产包含了各种形式的艺术表达，展示了不同地区和民族的独特审美观念和艺术风格，传统音乐、传统舞蹈、传统美术、传统技艺、民俗等本身具有极高的艺术审美价值，能够很大程度上丰富当代人的艺术经验和审美体验。艺术的审美价值能够建立传统与创新之间的对话，人类早期创造的传统文化艺术，历经几千年仍有着强大的艺术生命力，能够为现代艺术提供丰润的滋养。在当代语境下，人们可以在传统和创新之间找到平衡点，将传统元素与现代创新相结合，创造出独特而富有创意的艺术作品，在对非物质文化遗产的审视和鉴赏中，通达人类的情感、思想和价值观，从而培养审美情趣和欣赏能力。

在当代社会中，非物质文化遗产的价值转化离不开艺术与科技的共同作用。艺术与科技为人类文明的发展和进步提供了不竭的动力，几乎贯穿了整个人类文明的历史，随着现代社会的快速发展，科学技术的不断进步催生了艺术的新型表达方式，虚拟现实、人工智能、交互信息、数字媒体艺术、科技媒介正不可避免地塑造着人们的当代审美趣味。"数字非遗"是一种将非物质文化遗产以数字形式进行记录、保存、传播和展示的方式，是数字技术发展和应用的必然，同时也为非物质文化遗产的传承和创新提供了新的空间和可能性。例如，通过虚拟现实和增强现实技术，可以创造出身临其境的文化体验，让人们更深入地参与和感知非物质文化遗产，由此，非物质文化遗产的审美价值非但没有减弱，反而能够以更加鲜活的姿态进入当代人的视野。

第二章

非物质文化遗产保护与传承现状

一、技术语境

数字化从电子计算机时代开始,经历了不断的技术创新和应用拓展,其中涉及计算机技术、通信技术、存储技术、多媒体技术、移动技术、云计算技术、物联网技术和人工智能技术等多个领域,不断推动着信息、数据和内容的数字化转变和应用。特别是20世纪中叶以后,在数字化趋势的加持下,非物质文化遗产的数字化过程也在不断深入,利用数字技术将信息、数据、内容等转化为数字形式,以便进行存储、传输、处理和呈现,可以保留非物质文化遗产的原貌,提供多种形式的展示和传播方式,确保其不受时间、地域和物质损坏的影响,并使得非物质文化遗产的传承更加便捷。此外,从非物质文化遗产的数字化体验中可以发现,利用虚拟现实和增强现实技术,能够创造出身临其境的文化体验,为非物质文化遗产的创新表达和传播方式提供更多可能,在很大程度上促进非物质文化遗产与旅游、教育、娱乐等产业的融合发展。

网络化带给当代生活的改变是极其深刻的,人们的行为、社交、思考方式等都发生了极大的变化,非物质文化遗产的数字化内容可以通过互联网和数字平台进行广泛的传播和共享，人们无论身处何地，都可以通过网络接触到各种非物质文化遗产的内容，增进对不同文化的理解和认知，形成更加多元的互动和参与，使人们能够更深入地了解和体验非物质文化遗产。例如，网络平台为传统戏曲在公共文化生态场景中的互动与渗透提供了更多维度，线上与线下、现实与虚拟的同享体验过程，让传统戏曲艺术重新获得自组织。这种方式不仅活化了非物质文化遗产，对当代人们的文化生活也将产生深远的影响。

现代技术对非物质文化遗产的作用是把双刃剑，如何利用数字技术和网络技术保护和传承非物质文化遗产已成为当代非物质文化遗产研究与实践的重要课题。

二、当代非物质文化遗产面临的困境与挑战

在数字化和网络化快速发展的背景下，新的技术媒介为非物质文化遗产的保护和传承提供了更多的手段和途径，其意义和价值不容小觑。然而，需要警惕的是，当代技术语境中的非物质文化遗产似乎更容易遭受各种外部因素的影响，从而导致其文化内涵被剥离的风险，与此同时，非物质文化遗产在没有进行正确的保护和传承的情况下，正逐渐失去原有的生存土壤和社会环境，当非物质文化遗产进入一个更大的虚拟现场时，容易造成人们对其所处的真实环境的忽略，当代非物质文化遗产所保留的自然状态和真实性也将面临巨大威胁。

当代非物质文化遗产将面临走向两个极端的困境，一个极端是，由少数人继承的非遗在未被保护的情况下濒临消失；另一个极端是，部分已被发掘但未能实施有效保护和传承的遗产，在市场化过程中逐渐被曲解和异化。

（一）过度的物质化消费，造成非物质文化遗产的活态性逐步消失

消费主义倡导通过购买和拥有物质产品来实现个人满足感和幸福感，在当今社会，人民的行为不可避免地受到消费主义的影响，尽管消费主义可以刺激经济增长，增加就业机会，为社会繁荣作出贡献，但是过度的消费主义却会将社会发展引入消极的一面，过度强调物质追求，会导致人们对精神层面的忽视，造成资源浪费。

在消费主义的影响下，人们更加重视文化体验和个性化需求，一些非物质文化遗产得到更广泛的传播和认可，这可能促使人们参与文化活动、传承传统、支持手工艺品等，从而保护和传承非物质文化遗产。然而，非物质文化遗产的过度消费可能使其变得商业化和表面化。例如，某些文化活动、传统节日或手工艺品可能被商业化，变成了旅游景点、商品或娱乐产品，追求经济利益而削弱了其本身的内涵和价值，而过度物质化的非遗产品，势必会导致非遗精神性的缺席，非遗作为文化遗产如果没有注入内在精神，将与普通的商品无异；与此同时，以市场为导向的短期文化消费，又容易使非遗产品落入一种"文化快销"的模式中，在缺乏创新和可持续发展的规划下，很难充分挖掘非遗产品的文化价值。只有平衡消费主义和非物质文化遗产的关系，保持对非物质文化遗产的尊重和真实性，避免纯粹的商业化和表面化，才能确保非物质文化遗产的消费不仅仅是商品化，而是真正体验、理解和尊重文化的一部分。

（二）一味追求表演化展示，导致非物质文化遗产的异化

随着旅游市场的活跃，文化演艺场景成为对外展示地方文化和非物质文化遗产的重要媒介，实景演出就是其中的代表。以导演为中心组建的演出创作团队，通常会深入挖掘当地素材，具有地方代表性的民间

故事、民俗活动、传统音乐和舞蹈，甚至游艺、杂技等非物质文化遗产，往往成为被重塑的对象，通过典型事件的植入，这些本身带有表演性质的非遗被推上了舞台。在一定程度上，实景演出为非遗文化传播起到了非常重要的作用。然而，在市场的推动下，不断上演的实景演出中不免出现一些令人担忧的现象，千篇一律的故事内容、缺乏创新的表演形式，以及背后权力、资本的强势介入，导致部分非物质文化遗产发生异化，以表演而非传承为目的的演出，让非物质文化遗产变成一个"演员"，在由企业、机构、政府共同操持的舞台上走秀，传统节日中的精神性文化内涵被热闹的场面掩盖，展示出一种哗众取宠之态，用以满足外来者的好奇，从而逐渐丧失其原真性，这样不仅没有达成非遗的保护与传承目的，反而导致了非遗的异化。

（三）商业化的裹挟，削弱了非物质文化遗产的价值属性

非物质文化遗产的经济价值不可小觑，适度的产业介入和商业化运营能够促进非遗产品和文化服务的提升，使更多人受益。但是，由于商业化本质上是以赢利为目的的过程，过度的商业化将会使非遗不可避免地遭受利益的驱使，功利性目的越来越强，削弱非物质文化遗产原有的非商业性质，破坏其社会价值和文化价值。在非物质文化遗产经济价值转化的过程中，由于缺少完整且有效的保护方法与传承策略，其不免卷入市场化和商业化的浪潮，从文化常态中剥离出来，最后沦为文化消费的对象、广告宣传的噱头和地方增收的媒介。

（四）在娱乐化的驱动下，非物质文化遗产的精神性进一步消解

娱乐化的目标是通过创造愉悦、有趣和互动的体验，通过游戏化、互动体验、趣味活动等方式，吸引和留住消费者或观众。创造内在体验是驱动娱乐经济的动力，将非物质文化遗产以娱乐化的方式进行场景转化，能够增加大众对非遗文化感知的参与感和互动性。然而，过度的娱

乐化，则容易将人们的注意力转移到感官之上，导致对表面化的追求，削弱深度思考、批判性思维和长期价值的培养，对被娱乐化的非物质文化遗产而言，会造成对其精神性的忽略。精神内涵是传承和发展非物质文化遗产的核心驱动，长此以往，非物质文化遗产的内在价值将被理解成一种肤浅的形式，最终导致非物质文化遗产精神内涵和文化属性的消解。

（五）同质化的发展过程，造成了非物质文化遗产与地方性的疏离

全球化进程加快了经济的发展，城市发展出现明显的同质化，这个过程在地域上正逐步扩大，城市周围的大部分地区甚至乡村也不可避免地遭遇了同质化，地方性特征在很大程度上被削弱了。尤其在互联网的普遍覆盖下，原本封闭的少数民族社区被打破，除个别偏远贫困的少数民族地区外，地域性与民族性在社会发展不可逆的趋势下逐渐脱离社会生活，分化成各种流于表面的形式特征，并以此表明自己的身份。同质化的结果不仅造成非遗地域性特征的丧失，与之相对应的结果是创意的缺失，当非物质文化遗产被强行搬进标准化生产的"大棚"，看似给予每个"植物"以充足的养分和照顾，却致使非遗失去了野生状态下顽强的生命力，非物质文化遗产的地方性根基将很难不被动摇。

三、非物质文化遗产的保护措施

在历史的变迁过程中，任何事物都有产生、成长、延续、消亡的过程，"非遗"的未来，同样处在这样一个动态的过程中，"非遗"自身如果没有足够的生命力继续发展下去，将失去其原本的文化内涵和意义价值。要知道，传统文化的消失意味着一个民族的解体，对非物质文化遗产的抢救、保护、传承、发展是民族处在大的社会转型期所面临的

重要而又急迫的问题。目前对非物质文化遗产的保护主要包括：分类保护、产业化保护、数字化保护、整体性保护、法律保护、教育性保护六方面。

（一）分类保护

联合国教科文组织设立了人类非物质文化遗产代表作名录，将具有重要文化价值和代表性的非物质文化遗产项目列入其中，这些项目通过分类保护得到国际认可和保护，有助于宣传、传承和促进相关文化的可持续发展。与此同时，很多国家同样也建立了自己的非物质文化遗产名录，通常由政府或相关文化机构管理，以记录和保护国家特定的非物质文化遗产。此外，在一些地方层面上，通过分类保护能够对具有本地特色的非物质文化遗产实施更为具体的保护与传承。

非遗以多种类型、多种载体存在，且始终处于变化的社会发展环境中，不同种类非遗的分布现状、形态、载体、展示方式等特征不同，实施分类保护就是非常必要的措施。《"十四五"非物质文化遗产保护规划》中提出了分类保护的明确要求，指出要"落实《中华人民共和国中医药法》，与有关部门共同研究制订《传统医药类非物质文化遗产传承发展计划》，推动传统医药类非遗保护传承。实施戏曲振兴工程、传统节日振兴计划、曲艺传承发展计划。针对民间文学、传统音乐、传统舞蹈、民俗及传统体育、游艺与杂技类非遗的不同特点，探索与之相适应的保护方式"。

采用"分类保护"的方式来保护非物质文化遗产，通过明确、记录和认可的方式，提升了公众对这些文化遗产的认识、关注和保护意识，并为相关传统和技艺的传承提供了支持和保护。

（二）产业化保护

"非遗产业化发展是文化产业发展的一种新形态，不仅满足了非遗保护与传承的需要，提升了非遗的经济价值，而且能适应人民群众的多样化文化需求，增加文化供给，科学的产业化能为非遗的保护与发展提供强大的驱动力。"[1] 产业化保护需要"充分利用和遵循非遗生存和发展的规律，依托物质产品的生产、流通和销售等方式，将非遗及其资源中的精神因素凝固于物质产品或者转化为文化类型的物质产品，使非遗在创造物质财富和精神财富的生产活动中得到积极保护"[2]。

2012年文化部非遗司发布了关于加强非物质文化遗产生产性保护的指导意见，指出非遗"生产性保护是在具有生产性质的实践过程中，以保持非遗的真实性、整体性和传承性为核心，以有效传承非遗技艺为前提，借助生产、流通、销售等手段，将非遗及其资源转化为文化产品的保护方式"。[3]

"非物质文化遗产产业化，是借助市场机制，将非物质文化与市场经济相结合，以非物质文化为生产资源，通过一系列的经济运作，赋予非物质文化遗产以一定的经济内涵和经济属性，使其成为一项文化产品与文化服务，以满足人民群众的精神文化需求。非物质文化遗产的产业化是将过去私相授受、零散学习的民间技艺形式，变成一个完完全全按照市场规律运作的经济形式，并达到相当规模、规格统一、资源整合、产生利润的过程，并指出市场可以作为非物质文化遗产传承的载体与传播的空间。"[4] "产业化在一定程度上能解决非遗保护与现代化发展之间

---

[1] 王勇：《非物质文化遗产为何要产业化发展之路》，《人民论坛》，2019年，第132—133页。
[2] 杨亚庚，陈亮，贺正楚，陈文俊：《非物质文化遗产生产性保护探索》，《东南学术》，2014年，第210—217页。
[3] 文化部：《文化部关于加强非物质文化遗产生产性保护的指导意见》（文非遗发〔2012〕4号），2012年2月2日。
[4] 城市经济导报：产业化视角下的"非遗"保护 [EB/OL].http://blog.sina.com.cn/s/blog_62d8eb8f0100ld7g.html.

的协调问题,但也普遍存在强调非遗在现代生活尤其是在经济发展上的价值偏向,很容易颠覆传承的意义,从这个层面来说其违背了非遗保护的宗旨。"[1]在非遗产业化过程中要遵循适度的原则,避免过度商业化造成非遗文化内核的失真,以及消费主义对非遗的滥用。

(三)数字化保护

将非物质文化遗产的相关资料、图片、视频等进行数字化保存和展示,是实现非遗数字化保护的通常做法。以"中国非物质文化遗产数字博物馆"为例,其中不仅对来自各地的非物质文化遗产项目进行数字化处理,如扫描图像、转换音频视频格式等,使其适合数字平台展示和存储,而且以数字博物馆为建设平台,这个平台可以是一个网站、应用程序或其他形式的数字化展示和交流工具,极大地方便了用户的浏览、搜索、学习和分享非物质文化遗产的内容。

通过数字化处理,能够完善非遗档案和数据库体系,加强资源整合共享,推动构建准确权威、开放共享的公共数字平台,推进非遗档案和数据资源的社会利用。与此同时,"数字化保护也存在'重技术、轻文化'的现象,逐渐暴露出忽视地方性、难以展现非遗活态性等问题"[2]。对应《公约》中关于非物质遗产各方面的确认、立档、研究、保存、保护、宣传、弘扬、传承和振兴等措施,实施非遗的数字化保护,不应停留在以数字技术为媒介的复刻式保护层面,而是应该在充分理解非物质文化内核的基础上,借助数字媒介确保非物质文化遗产在网络时代的生命力。"非遗的数字化保护不只是非遗的一种存储、展示、宣传和教育

---

[1] 马知遥,常国毅:《非物质文化遗产保护与传承深化阶段——2011—2020年热点问题研究综述》,《原生态民族文化学刊》,2021年,第44—59页。
[2] 宋俊华,王明月:《我国非物质文化遗产数字化保护的现状与问题分析》,《文化遗产》,2015年,第1—9页。

的外在手段，而且具有内化为非遗自身方式的合法性和可能性。"①

（四）整体性保护

非物质文化遗产"活化"离不开与非遗相关的工具、物质载体及整个文化生态系统的整体构建。"文化生态系统是文化与自然环境、生产生活方式、经济形式、价值观念等构成的相互作用的完整体系，具有动态性、开放性、整体性的特点。"②2019年3月1日实施的《国家级文化生态保护区管理办法》中指出："非遗的传承和发展以人为核心、以生活为载体，与当地的社会人文、自然等生态环境密切相关。设立文化生态保护区，将非遗及其得以孕育、滋养的人文环境加以整体性保护，是我国非遗保护的重要探索和实践，是我国在非遗保护领域的重大创举。"

非物质文化遗产的整体性保护既包括其中非物质的部分，也包括与非遗相关的物件、场所、工具的物质部分，同时更离不开传承人，它们之间相互联系，彼此依存，脱离任何一个部分讨论非遗都将是不完整的。然而，在历史的演化中，我们又很难将隶属于非遗的所有部分完整地保存下来，随着时空的变化，以及人的代代相传，非遗"活化"不可能脱离变化的过程。因此，在整体性保护的原则下，以分主次、分权重的方式展开对非遗及其相关部分的保护也许更有利于非遗的传承与发展。

（五）法律保护

非物质文化遗产的保护关乎一个民族、一个地区和数代人的利益，是人们集体努力的智慧凝结，涉及人们生活、生产、劳作、娱乐等方方面面，不仅对人们的物质生活而且对人们的精神生活都产生着深刻的影

---

① 宋俊华：《关于非物质文化遗产数字化保护的几点思考》，《文化遗产》，2015年，第1—8页。
② 黄永林：《"文化生态"视野下的非物质文化遗产保护》，《文化遗产》，2013年，第1—12页。

响,这些宝贵的遗产被当地居民视为珍宝,也是人们谋求生计获得经济来源的渠道,对非遗的法律保护,是从根本上保护非遗知识产权,防止非遗被篡改、滥用、歪曲和恶意传播等,保障人们利益不受侵犯的必要途径。在当代,非遗作为创意产业青睐的对象,再加上商业化、娱乐化的消费主义加持,往往在看似赋予非遗项目创新活力的表面,背后却是以非遗为幌子谋求经济文化产业加速发展的目标,使得当代非遗的保护与传承变得愈加困难。通过法律实施对非遗的保护是确保非遗不被异化的有效途径,且是十分必要和迫切的。

"我国涉及非遗保护的法律规范只有《非物质文化遗产法》《国务院关于加强文化遗产保护工作的通知》和《国务院办公厅关于加强我国非物质文化遗产保护工作的意见》三部"[1],一方面可以看出国家层面在非遗的保护问题上给予高度重视,但"目前,我国对非物质文化遗产的法律保护呈现法律规范少且以行政保护为主、知识产权保护模式片面、司法保护效果不明显等局限"[2]。只有不断健全非物质文化遗产法律保护体系,才能为非遗的当代发展保驾护航。

(六)教育性保护

非物质文化遗产作为我国灿烂文明的一部分,属于极为宝贵的公共教育资源,许多教育机构通过教育活动和课程,将非物质文化遗产纳入教学内容,向学生传授相关的知识和技能,对全民辅以传统文化的普及教育。例如,中国非物质文化遗产传承人群研修研习培训计划、《保护非物质文化遗产公约》与高校非物质文化遗产项目的融合培训班,以及

---

[1] 郭宇燕,王聪:《非物质文化遗产法律保护现状梳理及体系构建》,《山西大同大学学报》(社会科学版),2022年,第11—16页。
[2] 郭宇燕,王聪:《非物质文化遗产法律保护现状梳理及体系构建》,《山西大同大学学报》(社会科学版),2022年,第11—16页。

当下较为新潮的研学之旅、科普之旅、文博之旅以及民族文化教育示范区等，教育性保护能够形成一批高质量的非遗教育人才，同时对增强大众对非遗的认同感，对传播民族文化价值具有重要意义。

不仅是教育机构，由传统艺术团体和社群组织的非遗体验项目，包括举办传统文化活动和庆祝传统节日同样也是一种重要的非物质文化遗产教育方式，通过开办传统手工艺制作工作坊、举办庙会、民俗表演、传统音乐舞蹈演出等活动，向大众介绍和展示非物质文化遗产的特点和价值，提供人们观赏和参与非物质文化遗产的机会，也可以通过解说、讲座等形式传递相关知识，通过教育性保护完成对非物质文化遗产的传承。

文化教育的传承关乎国家的历史文明、社会形态和经济发展，需要将文化习得视为一种普遍文化景观，让文化的获得和传承理应不受任何时间和空间的限制。"社会成员特别是新生一代对非遗文化认同的薄弱是非遗传承保护中的突出问题，这使得探求有目的地培养非遗文化认同的社会活动成了当务之急。教育是人类独特且高效的文化传递方式，通过教育发挥主体性因素，塑造社会成员主动的文化认同，并在此基础上进行以教育实践为核心的非物质文化遗产保护显得重要而且必须。"[1]

---

[1] 马知遥，常国毅：《非物质文化遗产教育性保护的方法论与道路探究》，《民族艺术研究》，2019年，第135—144页。

第三章

当代非物质文化遗产在文旅融合发展中的活态传承与价值转化

文化遗产是重要的文化景观,"在漫长的历史长河中人类所创造的古代文明和留下的珍贵遗产是我们今天追溯历史、弘扬传统、发展旅游的宝藏,挖掘古代文明,善待珍贵遗产已成为今天一个民族和国家进步和发达的重要标志"[①]。在文化旅游盛行的今天,无论是物质文化遗产还是非物质文化遗产,都将成为驱动文旅融合创新发展的重要内容。

以习近平新时代中国特色社会主义思想为指导,中央《关于实施中华优秀传统文化传承发展工程的意见》《文化和旅游部关于推动数字文化产业高质量发展的意见》中明确提出,推动民族民间优秀文化传统的创造性转化、创新性发展,展示传播我国活态的文化遗产,推动并形成传承发展中华优秀传统文化,实现影像艺术对文化遗产的记录,并实现从拯救"遗产"到见证"变迁"的记录理念,拓展优秀民族文化在网络上的推广,并针对时代特征促进文化旅游资源开发研究。

《"十四五"非物质文化遗产保护规划》中以服务社会经济发展为

---

① 杜彬:《文旅融合背景下文化遗产资源推动旅游空间建设的思考》,《文化遗产》,2021年,第32—41页。

主要任务之一，积极推动非物质文化遗产与旅游的融合发展，提出：妥善处理非遗保护与旅游开发之间的关系，在有效保护的前提下，推动非遗与旅游融合发展。支持利用非遗馆、传承体验中心、非遗工坊等场所，培育一批非遗旅游体验基地，推出一批具有鲜明非遗特色的主题旅游线路、研学旅游产品和演艺作品。支持非遗有机融入景区、度假区、旅游休闲街区、特色小镇，鼓励非遗特色景区发展。非物质文化遗产与旅游的融合，有利于将非遗的文化价值和精神内涵转变为广大人民喜闻乐见的形式，并在潜移默化中建立起民族文化自信。

非物质文化遗产与文化旅游的融合发展受到国家层面的高度重视，为深入贯彻落实党的二十大精神和习近平总书记关于非物质文化遗产保护工作的重要指示精神，落实中共中央办公厅、国务院办公厅印发的《关于进一步加强非物质文化遗产保护工作的意见》以及《"十四五"旅游业发展规划》《"十四五"非物质文化遗产保护规划》要求，2023年，《文化和旅游部关于推动非物质文化遗产与旅游深度融合发展的通知》[①]进一步强调：非物质文化遗产是中华优秀传统文化的重要组成部分，是旅游的重要资源，丰富了旅游的文化内涵。旅游作为一种新的大众生活方式，为非物质文化遗产提供了更多的实践和应用场景，激发了非物质文化遗产的生机和活力。推动非物质文化遗产与旅游深度融合发展对于扎实做好非物质文化遗产的系统性保护、促进旅游业高质量发展，更好满足人民日益增长的精神文化需求具有重要意义。

一、非物质文化遗产与旅游业的双向促进

通过旅游活动能够促进地方特色的构建和区域经济的发展，非物质

---

① 中华人民共和国文化和旅游部：《文化和旅游部关于推动非物质文化遗产与旅游深度融合发展的通知》（文旅非遗发〔2023〕21号），2023年2月17日发布。

文化遗产的吸引力也将成为激活旅游业态的重要因素。2019年十三届全国人大二次会议提出了"发展壮大旅游产业"的明确部署，为推动文旅创新提供了前所未有的契机。此外，全域旅游的时代背景也为文旅融合提供了机遇。全域旅游强调整个旅游目的地的全面发展和整合，提倡将文化资源和旅游资源有机地结合起来，为文旅融合提供了广阔的发展空间。非物质文化遗产作为宝贵的文化资源，应通过旅游目的地的自然和生态环境改善以及旅游者的文化体验来实现其保护和传承，转变旅游方式，通过创新开发和保护非物质文化遗产，结合地方特色和旅游资源，保护好、传承好非物质文化遗产，提升旅游体验，推动文化传承和创新，为地方经济注入活力。

如何在文化旅游中充分发挥非物质文化遗产的价值是非常重要的研究课题。"过度的旅游开发会加速非物质文化遗产的消亡，打破非物质文化遗产的传承体系。不够充分的旅游开发形式又会致使非物质文化遗产的旅游相关产品缺乏吸引力，难以得到旅客的青睐。不当的旅游开发形式会使得非物质文化遗产旅游的相关产品很难得到游客的认同，缺乏游客认同的非物质文化遗产旅游开发是无价值的开发和对资源的浪费。"[①] 目前，旅游模式有待创新，需要探索多路径发展模式，开发具有地方特色和独特性的文旅产品，以满足日益扩大的文旅市场需求。

非物质文化遗产与旅游的融合创新，不仅对旅游业的发展起到了积极的促进作用，同时这类场景又为非遗活化与当代传承提供了一个更加开阔的发展空间。旅游业通过与非遗传承人、艺术家、设计师等的合作，创造出具有地方特色和独特魅力的文创产品，丰富了游客的购物选择，增加了旅游消费的文化内涵。与此同时，旅游业的发展和需求也为

---

① 章牧：《非物质文化遗产活化研究——基于文旅融合的视角》，《社会科学家》，2021年，第15—20页。

非遗传承人提供了展示和传授技艺的机会，促进了非物质文化遗产的传统知识和技能的传承。在这类场景中，非遗传承人和从业者与游客进行交流和互动，不断推陈出新，将传统文化与现代生活相融合，产生新的创意和表达方式，进一步促进了当代非遗的活化和创新发展。

（一）非物质文化遗产是构成当代旅游景观的重要内容

"文化景观遗产是重要的旅游吸引物，因具有无可替代的文化元素而最能使旅游者获得审美怀旧、休闲娱乐、返璞归真和情感升华的体验性满足，在旅游吸引物结构中占据着重要位置。其中，非物质文化遗产是具有生命力的活态的文化景观，旅行者文化体验式旅游形成一个旅游吸引力场域。"[①] 通过非物质文化遗产构建的文旅空间同样可以成为旅游中一道亮丽的风景线，与其他景观共同成为当代旅游景观的塑造对象。

以贵州省锦屏县的侗族歌楼旅游项目为例，侗族歌楼被打造成了一个集观光、表演、体验于一身的文化旅游景点，游客可以在侗族歌楼欣赏传统的侗族歌舞表演，感受独特的侗族音乐和舞蹈艺术。除了观赏表演，游客还可以参与侗族文化体验活动，如学习侗族手工艺技艺、品尝侗族传统美食、参与侗族传统庆典等。侗族歌舞和侗族文化与旅游开发相结合，锦屏县创造了独特的文化旅游项目，吸引了众多游客前来体验。

只有将非物质文化遗产转化为可以被看到、被听到、被体验到的真实现场，将非物质文化与物质性文化景观相结合，构建更加广泛的文化旅游场景，才能形成真正意义上的文化旅游。围绕民俗、节庆等地域民族文化，可以与当地的历史街区、古建筑等相结合，在具有浓厚气息的文化场景中把这类非物质文化遗产活灵活现地展现出来，实现塑造典型

---

① 杜彬：《文旅融合背景下文化遗产资源推动旅游空间建设的思考》，《文化遗产》，2021年，第32—41页。

文化旅游场景的目的。

（二）拓展非物质文化旅游路线，促成文化与旅游的深度融合

"时下流行的亲子游、体验游、研学游、背包游、自驾游、骑行游、步行游等多样化的旅行方式，更倾向于大环线圈内文化线路的小环线旅游。在旅游消费利益的驱使下，沿线民众和旅游开发者去创造多样化的市场需求，去开发多样化的文化旅游线路以吸引更多旅游者，而形成文化遗产保护与旅游开发，沿线民众、旅游者和旅游开发者等多样化的利益格局，在'历史性—社会性—符号性'的三元辩证法中，推动构建成一个文化旅游的网络空间。"①

"将非遗作为旅游线路的连接点，能够串联整个区域的文化旅游线路。文化遗产的时空性、整体性、物质性和非物质性，不仅重视文化线路物质文化遗产属性，也逐渐更加重视文化线路上节庆、饮食和宗教等非物质文化遗产特性，以及沿线历史上的文化交流与融合。"②例如，非遗博物馆、非遗文创园、非遗主题展览馆等均能成为文化旅游线路上一道亮丽的风景线；与此同时，非遗也将不断延伸旅游服务领域，将非遗文化生活与居民和游客的衣、食、住、行相联系，形成特色旅游业态；而文化旅游与都市之旅、乡村之旅、夜间旅游等多时空维度相结合，也将进一步拓展文化旅游路线的宽度和广度。

旅游景区、文化街区、主题公园等旅游场所成为非物质文化遗产的展示和体验场所。游客可以参加传统节日庆祝活动、学习非遗技艺、品尝传统美食等，通过互动和参与感受非物质文化遗产的独特魅力。在文

---

① 杜彬：《文旅融合背景下文化遗产资源推动旅游空间建设的思考》，《文化遗产》，2021年，第32—41页。
② 杜彬：《文旅融合背景下文化遗产资源推动旅游空间建设的思考》，《文化遗产》，2021年，第32—41页。

化与旅游的深度融合中，实现景区文化特征的塑造，形成一个要素完整、层次丰富和意义深刻的旅游范本。以丽江古城为例，它是中国纳西族传统文化的代表地区，也是西南地区重要的旅游目的地之一。为了保护和传承纳西族文化，提升旅游体验，丽江古城进行了文化旅游产品的创新开发。游客可以参加纳西族的传统婚礼表演，欣赏传统的纳西族舞蹈和音乐演出，品尝纳西族的特色美食，体验传统手工艺制作过程，如木雕、织布等，通过这些体验，亲身感受纳西族的生活方式和文化习俗。此外，丽江古城内设有多个文化展览馆和表演场所，展示和演示纳西族的传统文化，游客可以参观纳西族文化艺术品展览，观看传统的戏剧和音乐表演，了解纳西族的宗教信仰和历史文化。这样的旅游线路可以帮助游客全面了解纳西族的历史、生活方式和艺术形式，为游客提供更深入的文化体验。

（三）开发非遗文化创意产业，促进非遗与文化旅游的经济价值转化

文化生产在于它是一种具有精神性的创造性劳动，创意性是文化生产的重要特征，"在经济社会，都应是一种'创价'生产，文化生产作为精神产品的生产，其'创价'生产首要的、主要的、重要的取向是'文化创意'的生产"。以创造性劳动为主要生产机制的创意产业已经成为经济增长的第一引擎，党的十七届五中全会就已提出"推动文化产业成为国民经济支出产业"的要求。非物质文化遗产作为激发旅游创意开发和生产的源泉，既是发展文化创意产业的驱动力，又是聚焦时代需求和激发旅游活力的必然选择。

在推动文化创意与旅游业融合发展的过程中，建立文创园、主题公园、影视基地、动漫旅游等多元文化创意产业，并以文化创意改造传统产业，形成产业与文化创意、产业与艺术创新、产业与旅游发展等创新

型产业模式。将非物质文化遗产融入创意产业，不仅能够促进非遗文创产品、非遗旅游项目的研发，而且极大地提升了非遗传播的效力和市场价值，对实现非遗当代创意转化，形成非遗文化旅游特点具有重要价值。

非物质文化遗产的精神内涵能够丰富地域城市的文化底蕴，而非遗的传承不仅代表着一种优秀文化的延续，更能为地方城市的经济发展和文化发展带来意想不到的收获。非物质文化遗产作为地方的独特文化资源，能够吸引游客和旅游者的关注和兴趣。游客们渴望了解和体验具有地方特色和历史文化的非遗项目，通过参与非物质文化遗产的活动和体验，游客们能够深入了解当地的文化传统和民俗习惯，进而对地方产生更深层次的认同感和情感联系。这种文化的体验和认同将激发游客们的消费意愿，推动旅游消费的增长，为地方经济带来收益。

（四）发展与非遗教育相关的旅游项目，扩大非遗的公共影响力及其社会价值的转化

文化教育的传承关乎国家的历史文明、社会形态和经济发展，需要将文化习得视为一种普遍文化景观，文化的获得和传承理应不受任何时间和空间的限制。在这样的理念之下，非物质文化遗产与旅游势必发生密切的联系。将非物质文化遗产视为基本的文化需要，能够提高居民文化生活建设与旅游产业发展的融合度，实现居民、游客与旅游发展的和谐共生。无论是以研学之旅、科普之旅、文博之旅、艺术之旅为特色，打造民族文化教育示范区，还是依托旅游资源建立教育基地，以文旅融合为契机，从构建、宣扬和传播民族文化的普世价值出发，发展与教育相关的旅游产业，形成以文化教育为特色的旅游业态，能够提供人们文化习得的广泛渠道，形成传播民族文化价值的创新途径。

例如，组织非遗教育旅行团，设计非遗文化之旅，在旅游目的地设立非遗体验营地，举办编织技艺、陶艺、木雕等非遗工艺的培训班或短期营地活动，让参与者亲自动手制作非遗手工艺品，并了解其背后的文化故事和技艺传承。建立非遗文化教育基地，为学校和社会组织提供参观和学习非遗文化的场所，同时可以开设非遗教育课程，组织非遗技艺的培训和讲座，推动非遗教育的普及和传承。安排参观非遗传承人的工作室，观摩他们的创作过程；参与非遗技艺的互动体验，学习一些基础的非遗技能；参加非遗表演或工艺展示活动，感受非遗文化的魅力。这些旅游业态结合了非遗教育的理念和目标，通过实际体验、学习和互动，能够使参与者更加深入地了解和感受非遗文化的独特魅力。

二、以"数字技术"为媒介，实现非物质文化遗产在旅游中的当代转意

我们正处在一个由高科技突飞猛进推动全球化进程加速的时代，科技对人文精神历史图式的改变远超想象。如果把文化视为人类在社会实践中所创造的物质财富和精神财富的总和，那么科技进步是人类在当下社会实践中最重要的"文化创造"。在当代，文化创造的意义与对技术表达方式的全面理解和深入应用密不可分。数字技术在旅游产业的应用成为推动非物质文化遗产在当代转化的必要媒介。通过数字化手段，以全新的方式将非物质文化遗产呈现出来，能够使其更贴近现代人的审美和体验需求。因此，数字技术在旅游产业中的应用不仅仅是一种工具，更是推动非物质文化遗产与当代社会互动和交流的媒介。

表1 当代数字技术的主要类别

当代数字技术的主要类别			
类别	概念	特征	应用领域
人工智能	模拟人类智能行为的技术	学习、推理、识别、决策等能力	自动驾驶、语音助手、智能机器人、智能翻译、智能推荐系统

续表

当代数字技术的主要类别			
类别	概念	特征	应用领域
虚拟现实	利用计算机技术创造虚拟环境	通过头戴式显示器和感应设备提供身临其境的体验	游戏、娱乐、教育、培训、医疗、建筑设计、旅游等
增强现实	将虚拟信息叠加到真实环境中	提供对真实世界的增强感知和交互	游戏、教育、培训、商业、医疗、建筑设计、旅游等
区块链	去中心化的分布式账本技术	高度安全、透明、不可篡改的数据记录	数字货币、供应链管理、智能合约、身份验证、知识产权保护等
云计算	通过网络提供计算资源	弹性扩展、按需使用、灵活性强	数据存储与处理、应用程序开发与部署、协同办公、在线娱乐等
大数据分析	处理和分析大规模数据	提供对大量数据的挖掘、分析和预测能力	市场调研、精准营销、风险管理、医疗诊断、智慧城市建设等
物联网	连接物理设备和传感器	实现设备间的互联互通和智能化控制	智能家居、智能交通、智慧农业、智慧医疗、工业自动化等
数字艺术与娱乐	利用数字技术进行艺术创作和娱乐活动	丰富的创作手段和娱乐体验	数字艺术作品、虚拟游戏、数字音乐、数字影视、网络文学等

当代数字技术在各个领域都发挥着重要的作用，同样对旅游业的发展也产生了深远的影响。通过互联网和移动应用，游客可以便捷地获取旅游信息和进行预订，而虚拟现实和增强现实技术提供了身临其境的虚拟旅游体验；数字技术还使得旅游业能够更好地满足游客的个性化需求，通过个性化推荐和定制化产品提升游客满意度；同时，数字技术为旅游营销和推广提供了新的渠道和工具，加强了目的地的宣传和吸引力；数字化的管理系统和自动化工具提高了旅游企业的效率和资源管理能力；此外，数字技术还促进了文化遗产的保护和传播，通过数字化复原和在线平台展示，使更多人了解和体验文化遗产。

数字技术为旅游业带来了创新手段和便利性条件，推动了行业的发展和变革，文化旅游景观的呈现方式随之发生变化，非物质文化遗产的转化形式与应用场景也在数字技术的加持下不断拓展。2017年4月发布的《文化部关于推动数字文化产业创新发展的指导意见》指出：数字文化产业是以文化创意内容为核心，依托数字技术进行创作、生产、传播和服务，呈现技术更迭快、生产数字化、传播网络化、消费个性化等特点的产业部门。数字文化及相关产业的发展在文化保护和传承方面将发挥重要作用。数字文化产业与旅游业的充分结合能够形成巨大的产业合力，为推动大众旅游、智慧旅游发展，优化旅游产业结构，创新旅游产品，推动旅游业高质量发展提供助力。与此同时，通过数字科技的集成创新，发挥数字化新引擎的积极作用，激发非遗文化的内生动力，从而推动旅游行业转型升级，促进形成更大的国内旅游市场。

（一）数字复原技术为文化遗产的恢复与保护提供技术支持

数字复原技术是一种利用计算机和数字化技术来还原、重建和再现文化遗产、艺术品或历史遗迹的方法。它通过收集和分析现有的图像、文献、数据和其他相关资料，使用计算机图形处理、三维建模、虚拟现实等技术，能够对受损、消失或不完整的文化遗产进行数字化的复原和重建，为保护和传播文化遗产提供了新的手段和途径。数字复原技术已被广泛应用于各种文化遗产的保护过程，包括古建筑、文物、艺术品、考古遗址等，对于需要重建的非物质文化遗产，同样需要利用数字技术创建虚拟场景、制作流程、非遗艺术品、表演艺术等，用以恢复非遗特有的属性和特征。

以运用数字技术对敦煌莫高窟展开的保护和研究为例，敦煌莫高窟作为世界文化遗产，保存了丰富的佛教壁画和雕塑艺术，也是中国古代艺术的瑰宝，为了保护和传承这些珍贵的文化遗产，通过数字复原技术，专家可以进行非接触性的数字化记录和重建敦煌莫高窟的壁画与雕塑。这项技术利用高分辨率摄影、三维扫描和图像处理等技术，可以捕捉到细微的细节和颜色，还原原始艺术品的外观和纹理，使其在数字环境中以高保真度呈现。

数字复原技术不仅可以对物质遗产实施保护，而且对非物质的制作工艺、技艺、表演等的保护同样发挥着重要的作用。以苏绣为例，其以精湛的刺绣工艺和精美的图案而闻名，是中国的非物质文化遗产之一。为了保护和传承苏州刺绣的技艺，利用数字复原技术，通过3D扫描和建模，将刺绣工艺的每个步骤和细节数字化，并通过虚拟现实展示给观众，观众可以在虚拟环境中近距离观察刺绣的制作过程，了解刺绣的每个细节和技术要点。

数字复原技术可以记录和保存非物质文化遗产的细节与特征，防止其在时间流逝中被遗失和破坏；通过数字复原技术，非物质文化遗产可以通过虚拟现实、三维模型、影像等形式，更直观、生动地展示给观众，为非遗的研究、教育、保护提供有力的技术途径。此外，数字复原技术虽然可以还原非物质文化遗产的某些方面，但无法完全还原其复杂性和独特性，某些非遗的细节和技艺可能难以通过数字化方式完全呈现，使得观众难以全面了解和体验非遗的真正魅力。

（二）数字技术为非物质文化遗产的呈现提供了更具艺术性的表现方式

数字技术对观众认知视角与审美过程的改变愈加明显，交互性和沉浸式的艺术审美过程，不仅扩展了传统的审美认知，并在很大程度上促进了观众对多样化体验的审美需求。数字技术在无形中拉近了艺术与非物质文化遗产的距离，通过数字化手段复原传统绘画、雕塑或民间艺术形式，并将其与新媒体技术相结合，创造出独特的数字艺术作品。以非物质文化遗产为创意点的数字艺术作品、交互式艺术装置、虚拟现实艺术、虚拟表演等形式，能够将非遗的精神性和艺术性表现得更加透彻，更加全面地展示非物质文化遗产的魅力。

以数字复原的京剧脸谱艺术为例，京剧是中国的传统戏曲形式，其脸谱是京剧角色的标志性特征之一。数字化的京剧脸谱不只是复原与保护，更是将脸谱艺术转化为了数字艺术品。利用高分辨率的数字摄影和图像处理技术，可以对京剧脸谱进行详细的扫描和记录。然后，使用计算机图形学和虚拟现实技术，将这些数字数据转化为逼真的 3D 模型，以多角度、多维度的方式更加生动地展示脸谱的细节和色彩。由此，数字化的京剧脸谱具有了独立的艺术生命力。

艺术家和设计师以非物质文化遗产为创作的灵感和资源，他们可以在数字平台上进行艺术创作，通过数字技术将非物质文化遗产转化为数字艺术作品，以展示和传承其独特的价值和美学。例如，利用数字合成器和音频编辑软件，结合现代音乐元素进行重新演绎和创作，将传统民间音乐转化为数字音乐作品；通过数位板或图形绘画软件，将非物质文化遗产中的图案、符号和视觉元素融入数字绘画作品，创造出独特的数字艺术形式；通过数字摄影和影像制作技术，将非物质文化遗产的元素转化为数字影像作品。

非物质文化遗产被转化为具有当代性的非遗数字艺术作品，能够实现传统与现代的结合，扩大非物质文化的传播范围，丰富其表现形式，在保护和传承非物质文化遗产的同时，为观众带来新颖的艺术体验和审美享受。

（三）数字技术为游客深度参与非物质文化遗产提供了游戏化的体验过程

旅游项目应满足游客对旅游目的地的不同类型的需求，如观光、休闲、文化体验、冒险等，项目的内容和特色应与目标游客群体的兴趣与偏好相匹配。由于现代社会的人们对参与度和互动性的需求越来越高，传统的被动接受体验已经不能满足他们的期待，因此，迫切需要开发更具吸引力的旅游项目。

游戏化的体验通常采用轻松、愉快的方式，能够激发参与者的兴趣，让参与者可以像玩游戏一样参与互动、探索和完成任务，甚至起到推动情节发展等至关重要的作用，使他们更加主动地参与和探索，并满足他们追求刺激和成就感的需求。非物质文化遗产在游戏中的互动，能够让参观者身临其境，欣赏和了解非遗文化。例如，《华夏遗韵》，这是一款由中国云南省旅游局开发的虚拟游戏，游戏中展示了云南少数民族的传统服饰，玩家可以选择不同的少数民族角色，并穿着他们独特的服饰进行游戏体验。游戏化的体验亦是一种沉浸式的体验，在这个过程中，观众的参与感和积极性被极大程度地调动了起来。

游戏化体验的盛行与科技的快速发展有着密切的联系，数字化技术的广泛应用为游戏化提供了基础，移动设备、虚拟现实、增强现实等技术的普及和进步，为将游戏元素应用于各种体验提供了更多可能性，在创造当代旅游吸引力和市场潜力中发挥了不可忽视的重要作用。

通过数字技术与非物质文化遗产的结合，可以为游客提供更丰富、个性化和互动性强的非物质文化遗产体验，越来越多的旅游景区开始将虚拟技术游戏应用于其开发项目中。例如，通过 VR 和 AR 技术，游客可以通过穿戴 VR 设备进入传统民居、古代庙宇等虚拟场景，将非物质文化遗产转化为带有真实空间感和故事性的三维效果，进入虚拟世界与景区的特色元素进行互动，让观者身临其境，感受历史事件的真实性。通过开发增强现实互动游戏，游客可以通过手机应用程序或专门的设备，在景区中参与寻宝、解谜等游戏，与虚拟角色互动。此外，一些景区在游览线路上设置了互动设施，通过使用虚拟技术游戏，使游客能够与虚拟的动物互动、参与虚拟的戏剧演出等,增强游客的参与度和娱乐性。

这些项目的目的是为游客提供更加丰富、互动和创新的游览体验。通过结合虚拟技术游戏、旅游景区特征和非物质文化遗产元素,可以吸引更多的游客参与,并为他们带来独特的旅游记忆和乐趣。

(四)数字技术为推动与非物质文化遗产相关的文化产业发展提供新的力量

"当前,信息技术及产业的发展已成为当代文化产业变革的主要驱动力,一些信息产业高度发达的国家和地区,已经逐步形成以网络服务产业、数字游戏产业、电脑动画产业、移动内容产业、数字影音应用产业为主的数字内容产业群,这些以网络、数字技术为核心支撑的新兴文化产业,已成为当前最具潜力也最具前景的文化产业。"[1]

产业化发展具有促进非物质文化遗产保护传承与开发利用的重要作用,数字技术为与非物质文化遗产相关的数字文化产业提供了丰富的创新空间和发展机遇,推动了非物质文化遗产的传承和传播,并为游客提供了更加丰富、多样化的体验。

例如,在文化创意产业,将非物质文化遗产的元素和价值融入文化创意产品,能够创造出具有创新性和商业价值的产品,而数字技术则进一步加快了非遗文创产品创新的速度,使文创产品的设计、制作和推广变得更加高效和便捷,也为促进非遗文化传承和多元化发展提供了丰富的工具和平台。在教育产业,利用非物质文化遗产作为数字教育资源,开展传统工艺制作、音乐演奏、舞蹈表演等领域的培训、课程和研讨会等活动,传授相关的技艺和知识,并利用数字媒体平台,让更多人能够不受时间和空间的限制学习并了解非物质文化遗产。

---

[1] 于平:《艺术学的文化视野》,中国文联出版社,2014年,第233页。

同时，以非物质文化遗产为主题的艺术作品和文化创意项目也受到旅游产业的普遍青睐，文旅演艺就是其中的代表，在与旅游实景相融合的舞台表演中，利用现代声、光、电技术、媒体技术、虚拟技术等将传统舞蹈、音乐、戏剧等艺术形式与现代创新元素相结合，生动的表演以及数字技术的多媒介展示，将非物质文化遗产演绎得淋漓尽致。这类演出以产业化的方式发展和运营，让更多游客参与其中，极大地提升了旅游地的吸引力。

非物质文化遗产的保护和传承也为地方城市的经济发展注入了新的生命力。非遗传承人和从业者通过开展非遗相关的旅游活动和工艺制作，创造出独特的旅游产品和文化创意产业，能够为地方创造就业机会和经济增长点。在数字技术的助推下，发展具有独特性和创新性的非遗文化产业，其意义和价值不仅在于打造兼具文化底蕴且识别性强的旅游产品，而且能够达成增加非遗文化旅游附加值的目标，创造更广泛的经济价值和更具影响力的社会价值。

（五）数字技术为非物质文化旅游资源的数字化传播途径提供了更多渠道

非物质文化旅游资源的传播途径主要有两种，其中，官方媒体的传播是非遗旅游推动非物质文化遗产传播的重要途径。政府、企业和旅游管理者为了提高旅游地的宣传力度，会将非遗作为旅游的吸引物进行广泛宣传。他们通过各种媒介渠道，如电视、广播、报纸、杂志等，向公众介绍非物质文化遗产的独特魅力和历史背景，激发游客的兴趣和好奇心。官方媒体的传播能够扩大非遗的知名度，吸引更多的游客前来参与非遗旅游活动，从而促进旅游和非遗的协同发展。

此外，以个体为单位的社交媒体进一步扩大了非遗的传播渠道。在旅游过程中，游客通过亲身参与非遗项目，如传统工艺制作、表演艺术、民俗节庆等，对非物质文化遗产有了更深入的了解和体验。他们将自己的旅行经历、照片和视频等通过微信朋友圈、微博等社交平台分享给其他人，这种口碑传播和社交媒体的互动交流，能够不断扩大非遗的传播范围。

无论是官方媒体平台还是以个体为单位的各类社交平台，都在不断增加人们获取非物质文化遗产数字资源的机会。在信息传播的过程中，数字化内容的制作就为促成资源的共享提供了广泛的基础，全世界范围内，不同场景的文化交流也变得越发频繁，利用虚拟旅游平台、在线文化展览、社交媒体和在线分享、数字化教育资源等数字媒体及互联网平台，将非物质文化遗产传递给更多的观众已是非常普遍的现象。例如，可以通过在线音乐平台推广传统音乐演奏，可以通过数字出版平台发布与非物质文化遗产相关的书籍和资料，可以通过社交媒体和视频平台分享传统舞蹈和戏剧表演等。

在云计算、5G通信技术的加持下，文化传播变得更加快速和便捷，数字技术为用户提供了更快速、稳定的网络连接，使得在线文化体验成为可能。通过云平台和5G网络，人们可以通过虚拟现实技术模拟旅游路线，实时体验非物质文化遗产的旅游场景，享受身临其境的感觉。以非物质文化遗产为主题的虚拟旅游平台，通过数字技术的支持，可以提供丰富多样的非遗旅游体验。通过云平台，文化机构和非遗传承人可以将非物质文化遗产的内容数字化，创作和分享数字文化作品，实现文化资源的数字化存储和传播。而5G通信技术的高速和低延迟特性，使得用户能够在移动设备上流畅地观看高清视频、参与实时互动活动，增加了文化传播的沉浸感和参与度。

数字化传播渠道让非物质文化旅游资源更加容易被广大人群接触和了解，也为非遗传承人和文化机构提供了更多展示和推广的机会。同时，数字技术的发展也为非物质文化旅游资源的数字化传播提供了更多的可能性和创新空间,并在很大程度上促进了非遗文化的保护、传承和传播。

三、文旅演艺在当代非遗旅游产业发展中的促进作用

"十四五"规划中提出要推动文化和旅游融合发展,演艺产业在国家政策的推动下成为文化产业新业态和创新模式的实践途径。"演艺文化是以人的艺术表演为核心物的文化形态。它不仅以表演的内容反映出人类生活的丰富多彩,而且以其形态的兴替见证着人类文明的历史进程。"[①]演艺活动作为人类一切活动和交流最具亲和力的艺术形式,在与旅游融合的过程中表现出极强的适应性,演艺产业与旅游的融合作为文旅融合战略决策中的关键组成部分,既能够以更生动形象的方式传播灿烂文化,提升旅游品质,又能够以其特殊的艺术形式吸引游客,带动地方经济的繁荣与发展,成为兼具文化价值和经济价值的特色旅游项目。

(一)演艺与旅游的融合发展

自2002年起,中国第一部山水实景演出《印象·刘三姐》开创了中国山水实景演出的先河,成为中国演艺实景演出的一个重要里程碑,之后出现了山水系列、印象系列、寻梦系列、又见系列等实景演出作品。实景演艺是在旅游业大发展中演艺与旅游融合的产物,"是把'一方人文'的典型性格还原到'一方水土'的典型环境之中"[②],这类演艺项目普遍使用地域性景观的场景塑造方法,营造酷炫的视听效果和身临其境的剧场体验,在空间上打破了传统演艺那种剧场演艺或者说是舞台演绎的空间局限,通过地域文化要素的植入和日常化的文本叙事,解构了演艺产品的本体技艺,体现出演艺文化在旅游市场中的进一步拓展。

---

① 于平:《艺术学的文化视野》,中国文联出版社,2014年,第151页。
② 于平:《艺术学的文化视野》,中国文联出版社,2014年,第97页。

由此，演艺很快成为博取眼球的旅游噱头，快速改变了传统旅游的业态格局，实景演出的产业模式也受到全国各地的普遍追捧。

1.实景演出《印象·大红袍》，以中国茶文化为主题，是全球唯一展示中国茶文化的山水实景演出，演出场地采用了全球首创的360°旋转观众席，被誉为世界上第一座山水环景剧场。这个演出不仅带动了剧场周边的夜间经济消费链发展，也在武夷山创造了夜晚的热闹景象。周边地区涌现出了百余家民宿、几十家茶叶店以及夜宵摊等商业实体，改变了以往人们对武夷山"好山好水好无聊"的刻板印象，填补了夜间经济业态的空白。为了进一步推动夜间旅游发展，2017年，武夷山规划了一系列夜间旅游线路，如"夜游崇阳溪""夜游云河""夜下梅""夜五夫"等。其中，"夜游崇阳溪"项目由福建省武夷山旅游文化投资集团有限公司投资建设，以溪水、山峰和自然景观作为表演舞台和背景，通过河岸投影、绳幕投影、灯光、道具、演员和山水的融合，创造了一场夜间视听盛宴，将自然景观和科技手段相结合，为游客呈现出独特的夜游体验。

2.实景演出《印象·西湖》，以杭州西湖的丰富历史人文资源和美丽自然景观为创作灵感，深入挖掘了杭州的古老民间传说和神话故事，通过高科技手段再现西湖人文历史的代表性元素。同时，借助先进的技术手法重现西湖雨的神奇魅力，展现了雨中西湖和西湖之雨的自然神韵。该演出通过创新的舞台设计、灯光效果和声音效果，结合杭州的山水和人文元素，以一幅幅巨幕画卷向观众呈现出中国气派和江南韵味。与之呼应的是钱江新城灯光秀，这是一项集结了70万盏LED灯的壮观灯光表演，这些灯安装在钱江新城的30座高层建筑上。每当演出时刻到来，所有灯都会亮起，配合大型音乐和各种视觉效果，展现杭州的山水和人文元素，向世界展示中国的气派和江南的韵味。钱江新城灯光秀还根据实际需求不断更换主题，如"亚运会杭州时间""2019 全国双创活动周""庆祝新中国成立 70 周年""喜迎 G20 峰会"等，每个主题都带来不同的灯光表演，持续给观众带来惊艳的视觉享受。

3. 实景演出《又见平遥》，以沉浸式的表演方式结合舞美和灯光场景的营造，讲述了一个关于血脉传承和生生不息的故事，这种沉浸式的艺术体验使观众能够身临其境，感受到故事情节，增强了观众与表演之间的互动和情感共鸣。以此为契机，山西平遥的 3D 灯光秀从 2017 年开始酝酿"青春修炼计划"，旨在布局年轻人喜欢的业态项目，使古城更具温暖、轻盈和灵动的特色。2019 年，由山西省文化旅游投资控股集团、平遥县政府联合当红齐天集团制作打造的平遥科技 3D 灯光秀在平遥古城楼迎薰门正式上演，展示了平遥这座历史文化名城的深厚底蕴和发展历程。通过先进的科技手段和灯光效果，呈现出平遥的历史变迁和文化繁荣的场景，使观众能够全方位感受到平遥作为历史文化名城的魅力。这样的艺术表演不仅丰富了文化旅游产品，也为平遥古城注入了新的活力和吸引力。

4. 实景演出《春江花月夜·唯美扬州》，剧情贯穿隋唐宋元明清六个朝代，从隋唐大运河的开辟开始，通过唐代诗人张若虚的《春江花月夜》以及当代歌曲《好一朵茉莉花》等作品，展示了扬州从古至今的历史风貌和人文风情。演出地点选在瘦西湖万花园内，充分利用瘦西湖水域和园林景观作为天然舞台，同时设置了近 1500 个阶梯式观众座位。与之呼应的是瘦西湖梦幻之夜，这是扬州在 2019 年推出的夏日主题活动之一。该活动围绕着经典主题"扬州月"，强调了扬州夏夜的独特体验，营造了富有诗意和人文气息的瘦西湖夜景。通过灯光、音乐、舞蹈和其他艺术表现形式，展示了瘦西湖在夜晚的迷人景色和独特魅力。活动将扬州的文化遗产与现代艺术元素相结合，呈现了一场梦幻般的视听盛宴，吸引了游客和观众的关注。

5. 实景演出《阆苑仙境》，是南津关古镇推出的一项世界首创大型移动实景演出。该演出以步步为景、兼具歌唱和舞蹈的形式，融入了阆中本土的民俗文化、饮食文化、三国文化、风水文化和科举文化等元素，实现了阆中文化的集中展示。通过这样的表演形式，观众能够全方位地感受和体验阆中的文化魅力。阆中充分利用古城景区的旅游资源优势，开发了夜游古城之旅等精品旅游线路。为了增强嘉陵江夜景的吸引力，阆中实施了嘉陵江沿江两岸 48 千米的彩灯夜景工程和山体景观点缀工程。这些工程在夜晚打造出壮观而璀璨的灯光景观，为游客呈现出绚丽多彩的夜景。同时，阆中还推出了夜游嘉陵江项目，受到游客的广泛青睐。

6. 实景演出《鼎盛王朝·康熙大典》，是全球首部以皇家帝王文化为主题的大型户外实景演出，旨在演绎康熙大帝传奇的历史经历。该演出充分借鉴了承德地区独特的自然元素和人文元素，并融合康乾盛世时期的历史脉络和皇家文化元素，使观众能够真实地体验康熙大帝从修建避暑山庄到确立华夏版图的宏大历史故事。通过演出，观众能够领略康熙大帝在避暑山庄这一宜人山水环境中所追求的人生之梦、帝国之梦、昌盛之梦和图强之梦。演出的制作充分利用了环境艺术灯光工程，安装了目前国内最大规模的灯光设备，达到了 3000 个特效灯光的布置，覆盖整个山体。这些灯光设备通过精心设计和布置，创造出美轮美奂、瞬息万变、光影淋漓的视觉艺术效果。在演出中观众可以沉浸于灯光的变幻中，在艺术效果的烘托下，更深刻地感受到康熙大帝时代的辉煌与庄严。

7. 实景演出《长恨歌》，演出场地位于西安华清池景区，演出以唐明皇与杨贵妃的爱情故事为背景，剧情发生在华清池。该演出投资巨大，阵容强大，气势恢宏。以骊山山体为背景，华清池九龙湖作为舞台，借助亭、榭、廊、殿、垂柳、湖水等舞美元素，运用领先世界水平的高科技手段，创造出令人叹为观止的视觉效果。演出通过引人入胜的舞美设计，营造了一个万星闪烁的梦幻天空，滚滚而下的森林雾瀑，以及熊熊燃烧的湖面火海。此外，演出还采用了三组约700平方米的 LED 软屏和近千平方米全隐蔽式可升降水下舞台，以增强表演的震撼效果。这些创新的舞台技术手段使得历史与现实、自然与文化、人间与仙界、传统与时尚在演出中有机交融，创造出一个神奇的历史乐章。

表2 实景演出案例特征

实景演艺	演出地点	演出主题	舞美元素
《印象·大红袍》	武夷山大红袍茶园	大红袍茶文化 武夷山自然景观	大红袍茶园景观 传统建筑
《印象·西湖》	杭州西湖	西湖自然风光 杭州人文历史	西湖自然景观 传统建筑
《又见平遥》	山西平遥古城	平遥古城历史文化 民俗文化	平遥古城建筑 民俗文化
《春江花月夜·唯美扬州》	扬州瘦西湖万花园	扬州历史风貌 人文风情	扬州瘦西湖景观 传统建筑
《阆苑仙境》	四川阆中	阆中本土民俗文化 仙境意象	仙境意象 山水景观 传统建筑
《鼎盛王朝·康熙大典》	承德避暑山庄	康熙大帝的历史故事 皇家文化	山水景观 康熙时期建筑
《长恨歌》	西安华清池和骊山	唐明皇与杨贵妃的爱情故事 华清池的历史背景	骊山山体 华清池九龙湖

从上述七个实景演出案例中可以看出，尽管每个演出都有自己独特的元素和主题，但在创作方法上具有一些相似之处。其一，历史文化主题的选择，这些实景演出都以历史文化为主题，通过剧情、场景和表演来展现特定地区的历史、传统和文化底蕴，致力于传达和弘扬悠久的文

化遗产，让观众能够亲身体验和感受历史的魅力。其二，场景与自然的融合，这些演出都充分利用自然环境和场地特色，将自然元素融入舞台设计和表演，无论是山川河流、湖泊或是园林建筑，自然背景都成为演出的一部分，增强了舞台效果和观赏体验。其三，跨时空叙事的视角，这些实景演出通常跨越多个时代和历史时期，通过讲述不同时期的故事和展示各个时代的文化特点，呈现出一幅丰富多样的历史画卷。观众可以感受到历史的沧桑变迁和文化的延续传承。其四，项目大制作，这些演出几乎都是大规模的制作，投入了大量的人力、物力和财力，制作团队汇集了众多专业人才，包括导演、编剧、舞美设计师、灯光师、音效师等，以确保演出的高质量和震撼力。其五，高科技舞美手段的应用，这些演出都采用了领先的高科技手段，如灯光、音效、特效、投影等，以创造出令人惊叹的视听效果，这些技术手段有助于营造梦幻般的氛围，增强观众的沉浸感和参与感。其六，强调文化传承，这些实景演出都注重文化传承和价值观的传达。它们通过故事情节、角色塑造和艺术形式，传递特定地区的文化精神、价值观念和美学观念，使观众对当地的文化遗产和传统有更深入的了解与认知。

　　立足文化视角，过去二十年实景演出项目在促进旅游发展上发挥了重要作用。首先，它们以独特的主题、精美的舞美和引人入胜的表演形式吸引了大量游客，成为旅游目的地的亮点，提升了旅游体验。其次，这类演出项目融入了地方的历史、文化和传统艺术，展示了地方的独特魅力和文化底蕴，为地方文化的传承和弘扬作出了贡献。此外，演出活动的举办带动了当地经济的发展，吸引了大量游客，推动了旅游相关产业的繁荣，为地方经济注入了活力。同时，通过宣传和推广，这些演出项目提升了旅游目的地的知名度和形象，成为地方的名片，吸引了更多游客前来观赏，促进了旅游目的地的推广和发展。

演艺在旅游市场的需求下开始向产业化方向发展。演艺产业是以演艺活动为核心，包括演出、演员、演出制作、演出管理等一系列相关产业链的综合性产业，其中涵盖了舞台表演、音乐会、演唱会、话剧、舞蹈、杂技、魔术、影视制作等多个艺术领域。演艺产业涉及创作、制作、演出、推广、经纪、票务等环节，涵盖了艺术家、演出团队、剧院、演出场馆、制片公司、演艺经纪公司、媒体、赞助商等多个参与方。

演艺产业对促进文化旅游的繁荣起到了一定的作用，在当今旅游业中已成为一种普遍现象，但在快消式的大量复刻中，这种演艺模式在受到普遍追捧的同时也出现了很多问题。例如，一些项目在追求商业利益的同时可能忽视了文化传承和艺术的内涵，导致演出内容过于商业化、流于表面化，缺乏深度和独特性，削弱了演出的艺术品质和文化内涵，影响了观众的体验和参与感。为了打造宏大的舞台效果而使用高科技设备，这需要大量的能源和材料，也将造成能源浪费、环境污染等负面影响，进而破坏自然景观和文化遗产的原有面貌，影响生态平衡和文化保护。千篇一律的故事模板、趋于雷同的场景景观创作方法，观演方式的逐步固化、以高科技为营销噱头制造的酷炫现场，由媒体特效造成的视觉疲劳以及"大制作"模式的弊病，正在加速这种演艺产业的衰老。随着旅游市场的竞争加剧和观众口味的多样化，实景演出项目也面临市场竞争和观众需求多样化的挑战，如何持续吸引和留住观众也变得越来越迫切。

面对未来旅游市场，既要看到演艺产业为推动非物质文化遗产传播和旅游经济发展所起到的积极作用，同时也要不断突破固定的演艺模式。演艺创作方法在当代非遗旅游创新中仍然具有不可忽视的重要价值，只有在不断地创新和发展过程中，才能形成以非物质文化遗产旅游为核心卖点的演艺新场景。

（二）文旅演艺在构建非物质文化旅游新场景中的创新路径

演艺是一种以表演为核心的艺术形式，其目的在于通过艺术表达和表演，向观众传递情感、思想和故事，以创造艺术体验和娱乐效果，唤起观众的情感共鸣和文化认同。演艺不仅能够形成由历史文化、习俗、技艺等集合的民族非物质文化遗产景观，而且更重要的是，它能够形成一种由观念、思想和情感元素构成的交流活动，并带给观众精神上的净化和愉悦。演艺过程为观者提供了多维度的感官体验，将观众带入"此情此景"，并渴望与观众之间产生对话。

在现代科技快速发展的今天，尽管数字环境为我们提供了丰富的娱乐方式和艺术享受，但人们对演艺的需求并没有减少，相反，越来越多的人认识到，演艺作为一种现场体验的艺术，提供给观众与表演者近距离接触的机会，这种真实的体验过程具有独特的魅力和价值，也很难被其他体验活动所替代。

非物质文化遗产元素在文旅演艺中的运用越来越普遍，在舞台上，通过运用传统表演形式和技艺、展示古老传统节庆、运用文化符号和象征、进行口头传承与故事叙述，以及展示手工艺和工艺品，成功地体现了非物质文化遗产在文旅演艺中的重要地位。这些演出将传统艺术元素融入现代演艺，传承和展示了传统文化的独特魅力和象征意义。观众通过观赏演出，感受到传统文化的精髓，同时也为非物质文化遗产的传承和发展作出了积极的贡献。

1. 立足非遗本体，演绎非物质文化遗产的精神内涵

在传承和发展非物质文化遗产过程中，应将重点放在非遗本身的核心内涵和价值上，要深入理解和传达非物质文化遗产所蕴含的文化价值观、审美观念和情感体验，充分挖掘非遗的根本特征、核心技艺和文化故事，并通过演绎的方式，以更加细腻的情感和更加艺术性的现场创造

将非物质文化遗产融入演艺过程,增强观众的参与感和共鸣度,让观众能够真切地感受到非遗所传递的文化精神内涵和情感内容。

在非物质文化遗产分类中,诸如传统音乐、传统舞蹈、传统戏剧、曲艺等类别,本身具有极强的表演性。例如,藏传佛教舞蹈作为西藏地区的非物质文化遗产,舞蹈表演融合了音乐、舞姿和服饰等多种元素,通过舞者舞动身体展示出独特的动作和姿态,以传递藏族民众对宗教和自然的敬畏之情,意在表达佛教信仰、文化传统和精神内涵。云南省大理白族自治州的彝族花灯表演是一项独特的非物质文化遗产,在这一表演中,艺人们手持制作精巧的花灯,通过舞蹈动作,展示彝族的传统文化和民俗特色,表演中的花灯造型多样,寓意丰富,融入了彝族的神话故事、传说和习俗,通过舞台的视觉呈现和表演技巧,传递了彝族文化的独特魅力。云南省昆明市的彝族独角戏是一种古老的戏曲表演形式,演员化装成各种角色,通过独特的唱腔、舞蹈和表演技巧,演绎彝族的历史故事和传统文化。

非物质文化遗产为演艺创作提供了丰富的表演素材。以民间文学为基础,可以将这些传承了民族智慧和价值观的故事进行剧本改编,提炼出主要情节和角色,并进行适当的创新和艺术加工,再加上生动的舞台表演,能够帮助观众更好地理解和感受故事的情节和文化背景,达成传递文化价值观和道德准则,激发观众的思考和思想共鸣的目的。此外,川剧变脸、云南滇剧、白族三月街、傣族泼水节、苗族芦笙节等传统技艺、游艺与杂技、民俗文化等非物质文化遗产,同样可以成为舞台表演的内容。

表演过程已然将舞台艺术与非物质文化遗产紧密联系在一起。非物质文化遗产为构建演艺文本提供了丰富的创作素材,演艺则成为实践非物质文化遗产活态传承的重要途径。在舞台表演与非遗的双向促进中,只有立足非遗本体,让演艺回归到最根本的人物表演上,才能从情感和心灵深处打动观众，让观众在参与演艺活动的过程中获得非遗文化精神的洗礼。

2. 回归演艺情境，充分展示非物质文化遗产的历史现场

情境是指一个特定的环境或背景，包括人们所处的地点、时间、社会关系以及相关的事件、情感和经验。由于情境不仅包括物理环境，还包括社会和文化因素，如社交规范、价值观念、历史背景等，它们共同塑造了人们在特定情境中的行为和体验，亦能够对人们的感知、思考和行为产生影响。表演空间提供了一个具体的物理环境，而情境则通过创造适合剧情和故事发展的背景及氛围，帮助观众更好地理解和体验演艺作品。

回归演艺情境并充分展示非物质文化遗产的历史现场意味着在演艺表演中，注重创造适合非物质文化遗产的背景和环境，以还原或模拟其历史现场，包括恢复传统的表演场所、使用传统的舞台布景和道具，以及运用特定的音乐、服装和化妆等元素，以营造观众身临其境的历史氛围和文化环境。以四川雅安市天全县的"黄粱梦"民俗剧为例，这部剧以黄粱梦传说为背景，在演出中，舞台布景、道具、服装等元素都充分考虑了西南地区的民俗文化特点，展示了该地区独特的风土人情和历史背景。表演者通过精彩的表演，将观众带入一个栩栩如生的历史情境，让他们感受到西南地区传统民俗文化的魅力。

在以非物质文化遗产为演艺核心的表演中，非遗历史情境的构建能够确保演艺作品准确传递非遗的特点、价值和历史背景，形成非遗文化更具真实性和情感性的表达过程，从而建立观众与非遗之间沟通的桥梁，帮助观众了解非遗的历史渊源、传统技艺和文化背景，加深对非物质文化遗产的认知和理解。与此同时，观众通过参与历史情境的演绎和体验，也将更加深入地感受和了解非遗的精髓，增强对非遗的兴趣和情

感认同。

3. 利用演艺科技，搭建更具吸引力的非物质文化旅游新场景

演艺科技在当代演艺中扮演着重要的角色，为演艺带来了创新、提升、互动和拓展的机会，丰富了表演形式，提升了观众体验，推动了演艺行业的发展。一方面，演艺科技为舞台带来了更加丰富多样的视觉效果。通过数字媒介技术、特效后期处理以及舞台效果，灯光、投影、特殊效果和舞台机械等技术，可以为演出带来更加逼真的虚拟场景、更加炫目的光影效果和更加震撼的视觉效果；通过虚拟现实、增强现实和投影技术等手段，为观众提供了身临其境的视听体验。另一方面，演艺科技还为舞台创造了更大的表现空间和想象空间。通过投影技术和多媒体视频的运用，演员可以在虚拟的舞台上与实际舞台进行互动，扩展了舞台的空间边界；通过交互式投影和实时互动装置等，观众可以参与表演，与演员进行互动，在逼真的虚拟景象和特殊效果中，与演员一同探索多样的场景和故事情节，从而激发观众的想象力和参与感。此外，演艺科技还拓宽了演艺的范围，通过网络直播、虚拟现实和在线平台等，突破时间和空间的限制，面向全球范围的观众，不断推动演艺行业的发展和变革。

在科技不断进步的时代背景下，"当下的演艺科技创新，其实并不只是创新形态而且更是创新业态"[①]，剧本杀、沉浸式演出、真人CS、5G云赛场等新的演艺业态成为热门，它们突破传统演艺形式，通过表演和角色扮演等方式创造了全新的文化服务理念。演艺行业的科技创新已成为科技进步引领文化创新的典型范例。通过与科技的结合，演艺形式可以实现进一步创新和多样化的表演内容，打破传统的时空限制，拓展演艺的边界，使观众的体验更加丰富。

---

① 于平：《艺术学的文化视野》，中国文联出版社，2014年，第257页。

演艺业态的创新与科技的融合也将与文化旅游、商业社会和消费经济相结合。通过将演艺创意与文化旅游相融合，打造更加丰富多样的旅游体验，为游客提供独特的文化娱乐服务。与商业社会和消费经济结合，演艺作为提供娱乐、文化交流和品牌营销的平台，将成为各类商业活动和消费场景的一部分。

总而言之，科技的进步为演艺行业带来了无限可能，推动着演艺的发展与变革。在文旅融合发展的助推下，应充分利用演艺科技，不断创新演艺形式和业态，搭建更具吸引力的非物质文化旅游新场景，提升观众体验，丰富文化娱乐市场，利用演艺科技，搭建更具吸引力的非物质文化旅游新场景。

四、以数字产业拓展文化旅游发展新格局

中共中央办公厅、国务院办公厅印发的《国家"十三五"时期文化发展规划纲要》中提出要大力扶持优秀文化作品创作生产，推出更多传播当代中国价值观念、体现中华文化精神、反映中国人审美追求的精品力作。同时提出需加快发展网络视听、移动多媒体、数字出版、动漫游戏等新兴产业，以推动出版发行、影视制作、工艺美术等传统产业进行转型升级。在推进文化业态创新，大力发展创意文化产业的同时，促进文化与科技、信息、旅游、体育、金融等产业融合发展。以文旅创新发展的潜在市场为导向，贯穿多维创新和可持续发展的系统性视角，通过在文旅项目中植入数字演绎、动漫科技、艺术场景、跨界设计，从而形成以非遗数字产业拓展文化旅游创新思路和未来发展的新格局。

（一）以数字创意驱动文旅产业发展

数字创意作为推动文旅产业发展的内驱动力，扮演着重要的角色。将数字技术和创意融入文旅领域，以数字创意创新文化产业模式，能够

形成具有可持续效应的设计策略，为文旅产业持续注入新的活力，从而增强区域文化传播效应，延伸文旅产业价值。例如，结合地方的文化遗产、历史故事和自然景观，利用数字技术和创意设计，创造出独特的文旅产品和演艺表演，让游客在旅游过程中深度感受当地的文化魅力；通过数字技术和创意设计，传统的文化符号和元素可以以全新的方式呈现，与现代艺术相融合，形成具有时代感和现代审美的艺术作品；在数字创意的基础上，开拓文化产业的新业态和新模式，形成数字艺术展览、虚拟文化体验、在线文化交流等多平台创新。数字创意的发展将进一步推动文旅产业的创新与融合，为文化的传承和发展提供更广阔的空间。

（二）以动漫科技引领文旅技术创新

动漫已成为全球文化现象，作品从日本传播到世界各地，同时，各国的动漫产业也迅速发展，这种全球性质使动漫成为一种跨文化和国际化的艺术形式，吸引了来自不同文化背景的观众，已成为当代年轻消费群体喜爱的文化艺术形式。动漫产业作为一个涵盖多个领域的综合性产业，不仅提供了娱乐和文化产品，还创造了大量的商机和就业机会；动漫产业在全球范围内都有着显著的发展，吸引了大量的观众，同时也成为一个重要的文化输出和创意产业。在这个过程中，技术创新也是推动动漫发展的重要一环，数字技术的应用不断提升动画质量、特效和视觉效果，数字科技与动漫艺术的联动在文化 IP 打造与文化内容输出上将具有极强的感染力。

以动漫为主题的旅游活动已经成为一种流行的文化旅游体验，包括动漫展览、主题公园、动漫巡回展览、动漫游、动漫节和动漫城市导览等。这些活动让游客有机会深入了解动漫文化、欣赏动漫艺术，同时也促进了旅游目的地的文化旅游。可以预见的是，动漫旅游未来具有广阔的发展前景，将继续吸引更多的游客。随着数字技术的不断发展，动漫旅游还有更多创新的可能性，能够使游客更深入地参与和体验动漫文化，对于文化旅游的发展有着积极的推动作用。

（三）以艺术创意提升文旅服务能力

当下，传统旅游中以自然资源、人文资源以及环境要素的景观独特性为主要场景特征的旅游体验正在发生革命性的变化，通过现代科技的运用，艺术要素更多地参与旅游场景的构建，例如，公共艺术装置、街头艺术、文化节庆和艺术家驻地项目，以使文旅场所充满创造力和独特性，艺术不仅在提升旅游场景的氛围和体验维度上效果突出，而且在拓展文旅真实场景与虚拟场景之间的自由切换，以及实现更深度、更有趣的体验上起到了重要的作用。特别是在夜游场景中的应用，依靠灯光媒介、互动装置、媒体艺术等共同构建的文旅场景，发掘旅游场景的夜间魅力，为游客提供夜晚特有的视觉、听觉和文化体验。在这个过程中，艺术场景不仅促进了科技与艺术的融合，也为促进旅游产业的创新和发展提供了有力支持。

此外，随着网红城市和乡村旅游的兴起，城市和乡村成为人们体验不同生活场景的旅游目的地，真实的环境中兼有休闲、娱乐、体验等多重功能。通过构建"文旅+科技+艺术"的创新路径，形成"数字演绎+动漫科技+艺术场景"的文旅艺术特色，以跨领域、跨专业、跨媒介的综合设计思路培养面向文旅潜在市场需求的综合创新设计，发挥艺术创意的效能，强化旅游场景的艺术氛围营造，会极大地提升游客多感官沉浸式体验感，提升城乡文旅服务能力，从而满足不同人群的旅游需求。

第四章

非物质文化遗产与文旅融合案例

案例一：黑森林国际旅游度假区概念性策划设计

案例背景：

乡村拥有丰富的自然资源和民族文化积淀，在这片厚重的土壤上，乡村得天独厚的资源禀赋为乡村旅游带来更多的契机。在乡村旅游同质化的今天，尤其在农业资源极其丰厚的重庆，绿色、休闲难以形成乡村的吸引力，亟须以文创为特色创建全新休闲模式，为乡村旅游注入新的活力，在充分彰显乡村自然、文化传统、历史记忆等在地资源的同时，以艺术、动漫与研学丰富乡村旅游业态，通过文化创意，以体验与参与让游客回到乡村，找回自我。

四川美术学院影视动画学院与重庆万花谷旅游生态发展有限公司联合启动了"实施乡村文化振兴、推进文旅农旅繁荣"工程，并以"黑森林国际旅游度假区"项目为落地平台，构建黑山文旅系统与产业聚落。

一、前期分析及客群理解

(一) 项目概况

1. 旅游时代开启，机遇挑战并存

目前旅游已融入全球产业结构、生产方式和消费模式，融入人们工作生活，成为人人享有的权利。世界已进入"旅游时代"，与此同时，旅游现已提升为我国国民经济战略性支柱产业。

2009年国务院就出台了《国务院关于加快发展旅游业的意见》，2011年国家旅游局还专会讨论提出了关于促进文化旅游大融合、大发展的若干意见，我国28个省区市将旅游业定位为战略性支柱产业或支柱产业，28个省区市成立了党委或政府领导牵头的旅游业发展领导机构。

本项目所在地万盛经开区，是国家旅游局命名的首个国家资源枯竭试点城市转型发展试点单位和重庆市唯一的旅游经济试验区。市政府《关于支持万盛经开区经济社会发展会议的纪要》(2012-117)将万盛经开区列入全市旅游精品区发展规划。

图1 景观现状

2. 区域发展成熟，资源得天独厚

万盛经开区位于重庆市南部，地处大娄山北麓，两省（市）三县交界之地，东接南川，南临贵州桐梓，北望山城重庆。古为夜郎国属地，现踞渝川黔要冲。拥有黑山谷国家AAAAA级旅游景区，是"中国优秀旅游城区"、重庆市唯一的"旅游经济试验区"、"中国羽毛球之乡"、"中国定向运动训练基地"和"国家资源转型试点城市",已成为重庆"山水都市"最具影响力的生态旅游精品、长江三峡旅游带外环的重要节点和重庆周边旅游的热点地区之一。

本项目紧邻黑山谷国家AAAAA级旅游景区,自然旅游资源山、水、泉、林、洞一应俱全,动植物种类繁多,具有典型的喀斯特地貌特征,立体性气候特征明显,是重庆近郊避暑条件最好的区域。保存着地球上同纬度为数不多的亚热带和温带完好的自然生态,森林覆盖率高达97%,空气中负氧离子含量浓度高达10万个/立方厘米,是世界卫生组织规定的清新空气标准的100倍,是最适宜人居住的地区。

（二）区域交通

景区外部交通便捷快速,多个方向均可快速抵达。2小时路程、4小时路程覆盖人群较广;从内部交通来看,黑山谷地理位置优越,进出黑山镇便捷,既能与外部独立连接也能与内部道路通畅衔接,项目占据南川、万盛方向进入大景区范围的核心交会点,在区域交通上,对外可以形成连通的交会节点,对内则形成区域的中心高地。

（三）基地现状分析

1. 总体状况

景区地形跌宕起伏,土地山林相间,自然资源优越,负氧离子丰沛。尽管黑山谷景区拥有丰富的自然和人文旅游资源,但该景区作为一个亟待成熟的风景区,开发中仍存在诸多问题。

2. 地貌现状

黑山谷距万盛主城区23千米,地处大娄山余脉、渝中黔交界地带,与南川金佛山、贵州桐梓柏箐自然保护区毗邻。这条风景带,荟萃了渝黔喀斯特地貌风光之精华,森林覆盖率高达97%,最高峰狮子槽海拔

1973 米，峡谷相对落差 600~1000 米。

3. 植被现状

黑山谷分布有原始森林和次生林近 10 万亩，动植物资源丰富，被誉为"渝南生物基因库"。据统计，景区目前共发现植物 1800 多种，其中黑山方竹笋被称为中国西南一绝，占地 1 万余亩，还有大量珍稀植物，如国家一、二级保护植物银杉、珙桐、银杏、红豆杉、福建柏、高山杜鹃等。

4. 地形分布

景区地形主要由山体、沟谷和平地组成。山体以丘陵台地为主，高低起伏，坡度较缓，是由连绵不断的低矮山丘组成的地形；沟谷呈 U 形，是线状山体间形成的沟谷，主要形成四个槽谷状地带；并有多个小块建设平地，形成分布松散的平地。

图 2　基地现状

（四）地形及视线分析

基地内具有多个制高点，西北侧高差较大，形成对万盛城区的俯瞰，同时观云海、赏日出的效果极佳，东南侧位于黑山谷景区边缘，能够更多地共享黑山谷的优质空气。

基地内依据山势形成四个槽谷地带，较为平缓的地形更利于建设开发，也为产业集聚提供了更多地形上的空间。

（五）现有可利用资源策略

1. 自然资源：傍山、理水、划田、创艺、雅居

傍山：以山为背景，充分享用丰沛的负氧离子清新空气。

理水：拓宽水道、围堰分级蓄水。打造可参与的跌水景观，增大亲水空间、丰富亲水体验。

划田：梳理田地结构，优化农田风貌，充分挖掘农耕文化体验活动，激发田园乐趣。

创艺：引导当地文化传承，开发创意体验项目，提供艺术家孵化平台，打造文、旅、创、营一体模式。

雅居：层层退台，家家赏景，打造真正度假房，完善服务设施，保证都市的便捷与先进。

2. 历史文化资源：乡贤德行泽润，孝善仁义闪光

万盛历史悠久，人文厚重。凝视万盛的前世今生，我们会发现，作为巴僚故地、千年溱（音 zhēn）州、"抗战煤都"、能源重镇、"三线"基地、转型之城，有一种精神始终伴随着万盛的各个历史阶段。这种精神以爱祖国、爱家乡的家国情怀为主线，以文明淳化、孝善仁义、忠勇担当、开拓奋进为重要标志，从历史和现实的角度塑造了万盛的城市气质和人文内蕴。

万盛被称为孝善仁义之乡,"孝子河"的故事流传千古,也是全国唯一一条以"孝子河"命名的河流。名人刘子如,金桥镇新木村人,著名实业家、慈善家、教育家和知名爱国人士,重庆百名历史名人之一。万盛历史上还出现过众多乡贤,他们乐善好施,德泽桑梓。"寡妇堰""三元桥"等名胜在此,还有李锄云改造青羊市场镇、陈藻在桃子街设馆教学、僧宗益倡修麒麟桥等乡贤扶助乡梓的故事,在民间广为流传。

图3 名人刘子如

图4 孝子河

（六）周边主要旅游资源及同类型项目分析

黑山谷的旅游市场广阔，背靠成熟景区，已经具有极高的消费人群基础。本项目紧临基地，旅游地产项目众多，应充分考虑差异化发展，并充分考虑对周边项目的借势及对自身的保护。（见第 178 页表 1）

（七）差异化发展

周边主要旅游类型的动态游乐以刺激、冒险方式偏多，游乐方式虽然多而全，但并未解决"老中青"三代人均能留住的问题，与此同时，游乐项目的可重复性较差，产业体系尚未形成。本项目发展可以从安静、文艺方向找到相应定位，满足更多年龄段人群的旅游需求，找到机会点，构建差异化旅游类型，从而形成产业体系。（见第 179 页表 2）

（八）客群定位

1. 客源市场

以周边城镇、重庆市区、邻近区县，重点拓展渝贵川 3 小时交通圈城市群客源。

2019 年万盛经开区全年接待游客 2600 万人次，旅游总收入突破 180 亿元。旅游业增加值占 GDP 总量的 19% 以上，旅游从业人数占就业总数的 30% 以上，农村居民旅游总收入占总收入的 25% 以上，旅游税收收入占地方财政税收收入的 20% 以上。国内游客以渝贵川一带为主，境外游客主要为日韩、港澳台游客。

图 5　客群市场

2. 客群分析

以 25~50 岁客群为核心，重点关注家庭游、体验游、个性游三种类型。

世界旅游组织研究表明，当人均 GDP 达到 2000 美元时，旅游将获得快速发展；当人均 GDP 达到 3000 美元时，旅游需求出现爆发性需求；当人均 GDP 达到 5000 美元时，步入成熟的度假旅游经济，休闲需求和消费能力日益增强，并出现多元化趋势。

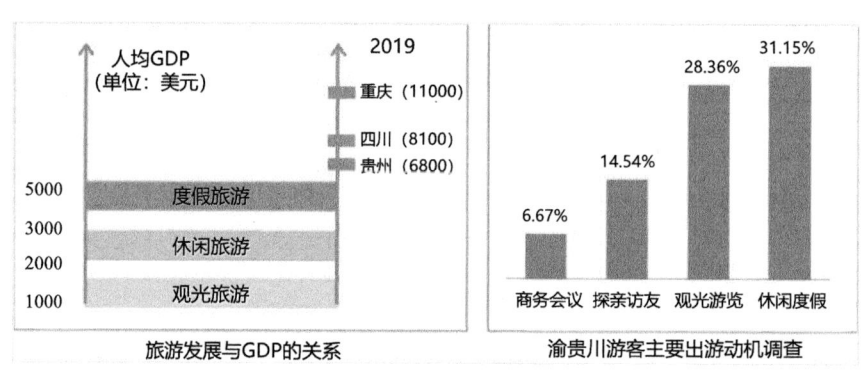

图 6　旅游市场调查

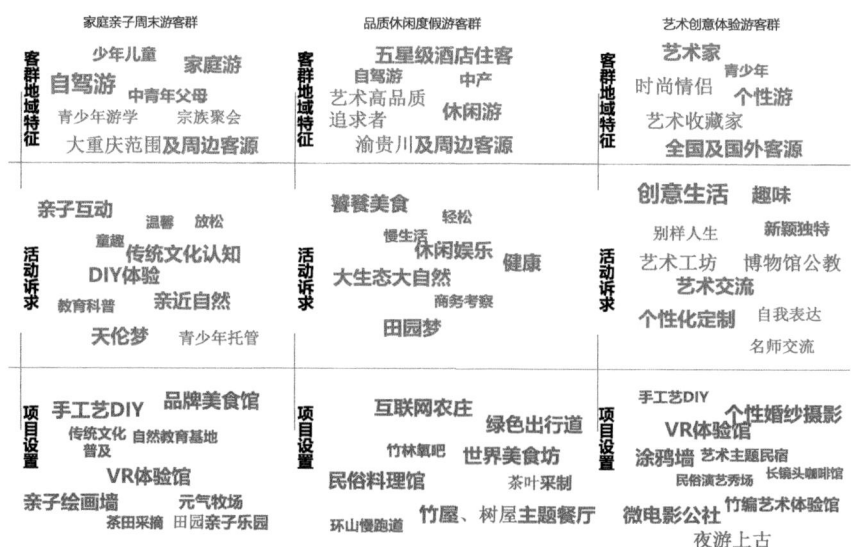

图 7　客群定位

3. 西南地区居民出游特征

西南地区旅游需求日益增长，出游比例较高，并以自助游快速增长为主要特征，自助线路，参考攻略，对新产品接纳程度较高，与此同时，游客对旅游品质的要求越来越高，兼顾老中青三代的旅游目的地需求日益增长，且对气候、阳光、景观、服务的要求也越来越高。

4. 西南地区旅游市场导向

度假休闲已成为西南地区旅游市场需求的主导方向，其中家庭亲子休闲游比重大，教育科普游市场潜力大，大多以追求深度体验、品质生活和新奇娱乐等为目标。

	大地艺术季、禅文化+休闲度假+旅游地产	主题公园+休闲度假
名称	武隆懒坝国际禅境艺术度假区	珠海横琴长隆国际海洋度假区
位置	重庆武隆仙女山南麓	广东省珠海市横琴新区
3小时交通圈	重庆市区、贵阳、万州、涪陵、长寿、南充、达州、广安	全国范围
周边旅游资源类型	大山大水的自然资源、成熟大景区资源	依靠大都市圈，都市周边景区游
旅游收入	2019年8月开园，接待游客20多万人次，全价门票120元。	每年接待游客超过1600万，雄踞世界顶尖主题景区前列
经营模式	针对生活求新求异、注重生活品质的富裕阶层，提供高端奢侈的旅游度假的新模式	
借鉴意义	**巨资引入**国际顶尖艺术园区，同时借周边良好的生态资源打造高消费、慢生活、重品质的高端民宿，体验通过建筑、雕塑小品等展现艺术的魅力。**内外兼修**商品质艺术	上下产业**全面、丰富**，应接不暇的消费形式具有足够的吸引力和大容量，注重**夜经济的研究与拓展**，注重民俗文化、体验性项目和周边景点的联合打造。

图8 案例分析

二、项目定位与愿景

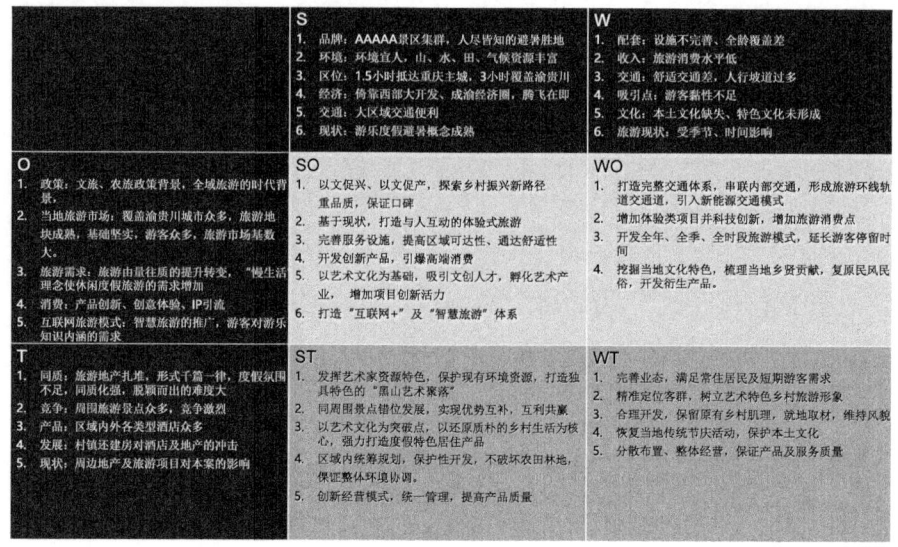

图9 SWOT 分析

（一）策划理念

1. 以乡贤文化为起点

乡贤文化是中华优秀传统文化的组成部分，乡贤文化是扎根于家乡的母土文化。从乡村走出去的精英，或回乡的乡贤，以他们的经验、学识、专长、技艺、财富以及文化修养参与新农村建设和治理。反哺桑梓、泽被乡里、温暖故土，对凝聚人心、促进和谐、重构乡村传统文化大有裨益。

本项目根植于乡贤文化，深耕于乡贤文化产业运用培育，探索乡村振兴新路径，从而呼应当代都市乡情与寻根需求。

2. 以文促兴，以文促产

本项目借助动漫文化、乡贤文化、艺术人文、精品教育等文化要素形成动漫旅游产业、乡贤文化产业与高品格、高附加值的人文、艺术、教育培训等相关产业，从而实现以文促兴和以文促产。

图 10　艺术场景

（二）项目定位

"以乡贤文化为黑山谷扬旗，以艺术为黑山谷背书，以动漫为黑山谷增活力"，在此基础上进一步达成"以全新消费内容，服务现成客户群，推效益增长；以全新文化内涵，虹吸全新消费群，创文旅新高"的目标，最终将黑山谷打造成动漫式、艺术主题的农旅、文旅、学研示范基地。

（三）项目愿景

通过项目打造，这里将是乡贤文化重塑场所，乡愁情怀发酵圣地，艺术圈层的顶流，教育资源驳接的口岸，这里有秘境古兽的动漫之舞，科技融合艺术的炫动以及宅景一体的田园雅居，将成为老少皆宜的度假胜地。

"群山掩苍翠，艺趣林间藏"，在文化与生态共生、旅游与生活共享、田园与时尚共荣的相互作用下，这里为我们展示的不只是美景，更是一种境界，将带给游人五彩斑斓的休闲娱乐、私密静谧的度假感受和触动灵魂深处的艺术文化体验。

三、项目亮点与业态功能

（一）项目亮点

本项目亮点主要体现在四个方面，即神兽拱卫、乡贤沉淀、艺术驱动、教育链接。

（二）业态功能

（见第 180 至 182 页表 3 至表 5）

四、规划概念与业态布局

图 11　一轴两翼

（一）规划结构及布局图

根据本项目"以乡贤文化为起点，以文促兴，以文促产"的策划理念，并结合黑山谷地形特征，形成了"一轴、两翼、七片区"的整体规划格局。一轴指乡村振兴之文化轴，贯穿黑山谷中轴线；两翼指旅游产业化腾飞之翼，分布于乡村文化轴两侧。其中一侧以动漫和康养为主要产业，另一侧则以艺术和教育为主要产业，产业之间的联动能够进一步促进乡村文化振兴。整体将从"一轴、两翼"出发，形成"山海纪、动漫童话谷、黑山天艺谷、黑山百花谷、原乡故事汇、乡景康养谷、乡愿守望台"七个主片区。

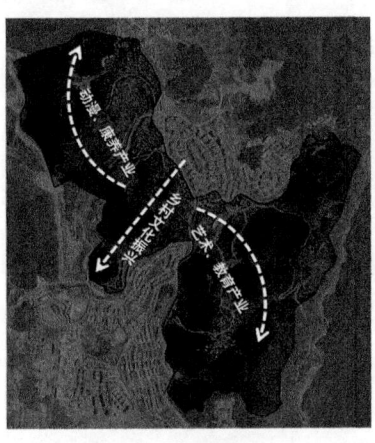
图 12　一轴两翼

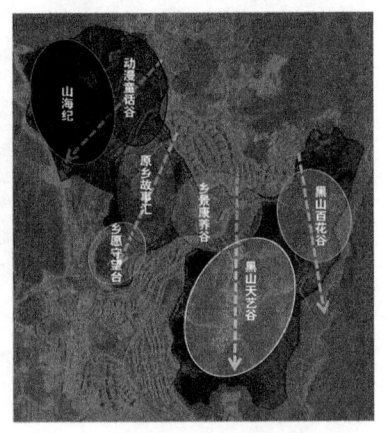
图 13　七片区

①山海纪：怪兽博物馆、神兽游乐场、怪兽酒店、餐厅、林巅漫步、神兽民宿、穿越小火车。

②动漫童话谷：魔法森林夜游、动漫展、动漫秀、森林唱吧、森林剧场。

③黑山天艺谷：名家工坊、画家村、艺术民宿、茶室、咖啡厅、餐厅、艺术品展览。

④黑山百花谷：百花盛宴、新蕾剧场、山体投影秀、森林戏剧节。

⑤原乡故事汇：乡贤故事记录、乡亲祭奠场、寻族踪。

⑥乡景康养谷：兼顾养生、调理、参禅、理佛等功能的疗养中心，老有所学，俱乐部式的长者服务中心。

⑦乡愿守望台：禅修坊、禅茶室、心灵按摩、森林禅道。

（二）道路系统

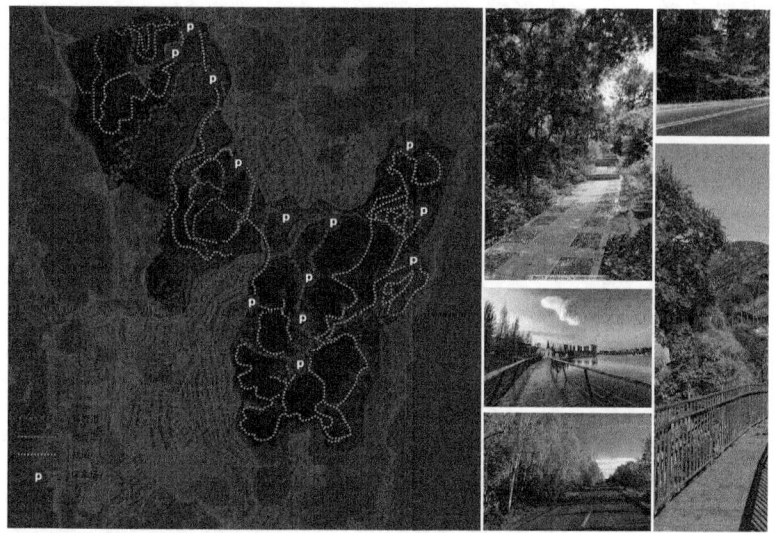

图 14　道路与停车规划

图 15　动线及交通节点

第四章　非物质文化遗产与文旅融合案例 | 69

图 16　慢行路线

慢行系统是游客感受乡村的重要途径，慢行系统以大跨度贯穿整个黑山谷，分别形成高程 1040 米和 1070 米两条平整的环山游线，该游线将成为黑山谷地区面积最大、距离最长、地形最平的慢行系统，体现对各类人群的人性化关爱，真正体现慢生活，与此同时，使游线同时兼具串联各个游点的功能。

图 17　公共设施分布

（三）游线分析

根据游客旅游时间的长短，在游线分析时提出"短期及节假日游"与"避暑及长期居住"两个规划方案。

出游时间较短时，可以选择一日游、两日游、三日游推荐项目，其中一日游包括景点观光、怪兽游乐场、火车漫游、VR 体验、穿越丛林、美食享受等；二日游包括艺术体验（艺术品定制）、DIY 文创产品、定制仪式（求婚、家族祭奠）、怪兽酒店享受、自驾活动、赛事活动、夜游灯光秀等；三日游包括农耕体验、共享厨房、婚礼、生日宴、婴幼洗礼、定制微电影、亲朋团建、高端会议 Party、参禅净心（禅茶、禅画）、艺术民宿、野奢酒店等。

出游时间较长的方案分三个月、六个月、全年常住三种方案。在为期三个月的时间里，专门为老年人提供老年垂钓、摄影、绘画、舞蹈、模特俱乐部等丰富的娱乐项目，让老年人老有所学；青少年艺术游学营则为青少年提供暑期学习的良好环境，并设有名师讲堂、名师艺术工坊游学等项目；在六个月的乡村旅游计划中，游客能够深度参与俱乐部活动和节庆活动，并在太极、瑜伽、参禅、漫步等项目以及书法、绘画的修习中找到心灵的归属。对于全年长住型游客，将有更多机会融入乡村生活，从吃、住、行、游到购、娱、疗、学、养，体验每季、每月丰富多彩的生活娱乐，感受乡村一年四季美景的自然景观和节日庆典等乡村人文景观。

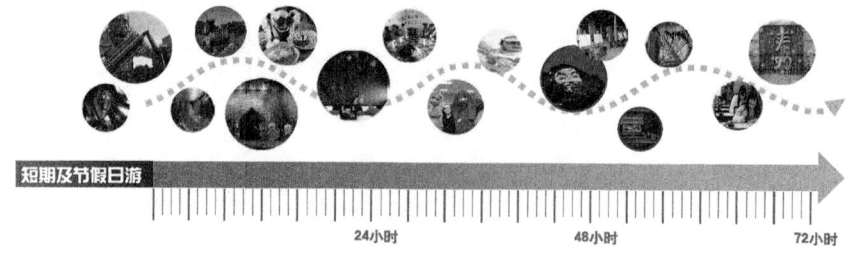

图 18　短期游线

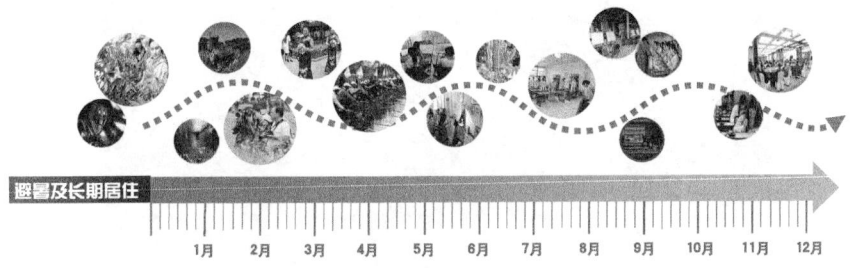

图 19　长期游线

	一月	二月	三月	四月	五月	六月	七月	八月	九月	十月	十一月	十二月
时令敬天祭												
家姓祭												
跑山节												
五谷丰收祭												
艺谷开放季												
饕餮美食节												
科普节												
踏青节												
街演巡游												
山红节												
乡愿嘉年华												
动漫节												
耕作季												

图 20　节庆活动策划

图 21　概念效果图

五、投资估算＆运营管理

（一）项目建设周期及投资控制

根据国家、重庆市和万盛经开区现有相关法律法规、政策，以及重庆市经济旅游发展规划，结合项目目前实际情况，编制本项目建设控制周期。本项目总用地面积约 5000 亩，其中林业用地约 3500 亩、农业用地约 980 亩、建设用地约 520 亩。规划总建筑面积约 52 万平方米，其中博物馆、商业、教育、疗养、民宿、酒店等用房约 12 万平方米、度假用房约 40 万平方米。项目总投资约 65.35 亿元，计划在 2026 年 4 月 30 日前完成全部建设，并分期逐步向度假客和游客开放。本项目按照三期进行开发建设。

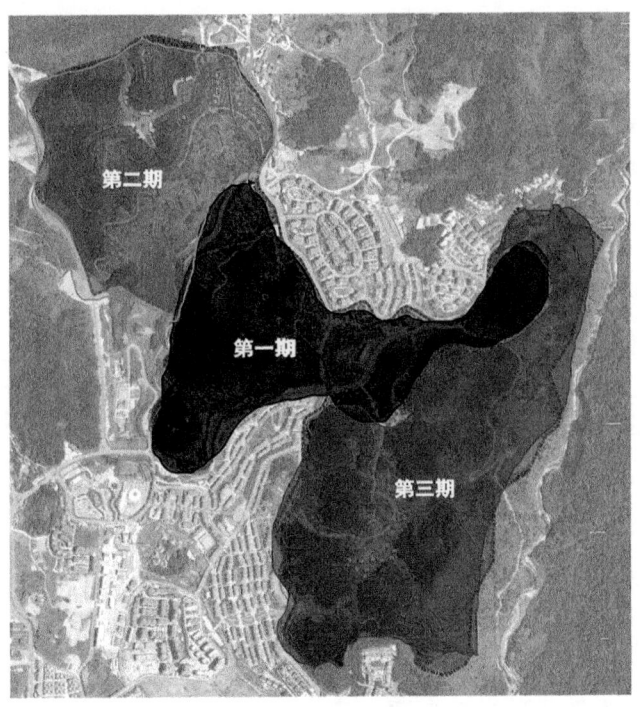

图 22　建设周期

1. 建设内容

（1）第一期

前期工作：①和万盛经开区签订《招商引资投资协议》；

②项目控制性规划工作；

③项目所涉及的农用地、林地流转手续；

④项目立项工作；

⑤取得项目中心区域（含现有百花谷提档升级）约200亩建设用地使用权；

建设工程：⑥约65.33公顷土地修复、体验式观光、有机生态彩色农业建设工程；

⑦约233.33公顷林地整治工程及林下经济作物栽培工程；

⑧文化旅游配套设施工程；

⑨项目商业、民宿、酒店、博物馆、度假房等约20万平方米。

（2）第二期

前期工作：①取得项目西北区域约200亩建设用地使用权；

建设工程：②文化旅游配套设施工程；

③项目教育、疗养、民宿、度假房等约20万平方米。

（3）第三期

前期工作：①取得项目东南区域约120亩建设用地使用权；

建设工程：②文化旅游配套设施工程；

③项目商业、民宿、度假房等约12万平方米。

2. 黑山系列艺术品造价概算

（见第183页表6）

（二）项目建设资金来源

本项目总投资约65.35亿元，其中第一期启动资金约10亿元。后期开发建设资金以前期物业销售回笼资金进行再投入滚动开发方式筹集。项目开发建设的主要资金来源为：

1. 前期资金：由重庆万花谷生态旅游发展有限公司及股东自筹。

2. 建设资金

（1）引进上市公司。重庆万花谷生态旅游发展有限公司与万盛经开区签订《招商引资投资协议》后，本公司承诺在三个月内引进中国房地产前100名上市公司进行项目合作开发建设。

（2）股权融资。以万花谷公司股权进行质押融资。

（3）开发融资。以本项目取得的土地使用权进行质押融资。

（4）销售回款。以项目物业进行销售，在保障项目继续建设资金使用的前提下，用销售回款偿还质押融资贷款。

（三）项目经济效益分析

以下总投资包含取得土地成本、建安成本、配套设施、精装修、管理费用、营销费用、融资成本、财务费用等。总收益是指项目全面建成后运营五年的收益，旅游服务业收益为运营五年累计收益。五年累计游客量为500万人次，人均消费为200元，毛利率按50%计算，旅游经营税前利润约50000万元。本项目总收益为918500万元，总投资为647500万元，税前利润为27100万元，税前投资利润率为41.85%。须上缴土地增值税约40000万元，企业所得税约55000万元。项目净利润约17600亿元。投资净利润率为27.18%。说明本项目盈利能力较强。（见第184页表7）

（四）社会效益分析

1. 丰富旅游业态

本项目是在万盛经开区全域旅游总体规划的前提下进行规划建设，其目的是丰富万盛经开区的休闲旅游业态，弥补目前旅游项目缺乏有影响的文化项目、游客二次消费不足、游客驻留时间短、高端度假消费不足的短板，丰富游客和度假客的文化娱乐精神生活。

2. 延长驻留时间

让游客、度假客"静心、安心、优心、雅欣"；让游客"避暑不避学，老有所学"，革新旅游度假方式，真正做到来得安心来得舒心；让游客、度假客"流连忘返、乐不思蜀"，变"避暑度假"为"养生度假"，真正把这里当成自己的"桃源世界"，成为高端度假客的第二个家。

3. 扩大社会影响力

推动万盛经开区再次成为重庆旅游的崭新"名片"，成为重庆乃至全国的网红"打卡地"。

4. 扩大社会就业

项目建成运营后，需就业人员约6100人，其中农业约100人、林业约300人、旅游服务约1000人、疗养康复约800人、教育培训约300人、商业服务约1000人、精品民宿约200人、星级酒店约400人、精品度假约200人。

5. 稳定税收

项目在建设完成后须累计上缴税金约95000万元，项目运营后每年可上缴税金3000万元。

案例二：习水小火车旅游策划及概念性规划

案例背景：

习水海拔 1000~1200 米，生态宜居，气候作为习水最大的资源，是吸引周边城市游客往来的重要因素。习水除了有良好的自然生态资源外，还有历史悠久的习水文化以及众多产业聚集，但是，由于习水旅游缺乏龙头吸引物，区域竞争力相对不足，仅仅依赖资源优势的发展很难形成习水可持续发展的动力，风光、水系可以拷贝，文化和生活方式很难拷贝。对于习水文化资源的塑造传播和当地产业的创新拓展有待进一步的规划和发展。

一、规划分析

（一）项目概况

习水县，是贵州省遵义市下辖县，位于贵州北部，地处川黔渝接合部的枢纽地带，东连贵州桐梓县、重庆綦江区，西接贵州赤水市，南近贵州仁怀市、四川古蔺县，属大娄山系和长江流域，总面积 3128 平方千米。

习水北部片区森林观光小火车站共有 5 个站，起点为箐山公园站，中间穿过环北站、湿地公园西站、湿地公园东站，最后到达终点站县游客服务中心站。

习水小火车线路以箐山公园为起点，游客中心为终点，整条线路单程约 9.5 千米。在起点、终点及中间站分别设置站台，暂定 5 个站台，在终点站附近设置维修间，轨道布置为双线环形布局，线路总长约19千米（不含维修线路和其他辅助线路）。

列车为一般观光火车，主要参数如下：

①列车外尺寸：约42000mm（L）×2300mm（W）×2650mm（H，以轨道面为基准）

②列车编组：1节头车+5节车厢固定编组

③载客量：每节车厢载客约16人，共约80人

④车辆最大速度：25km/h

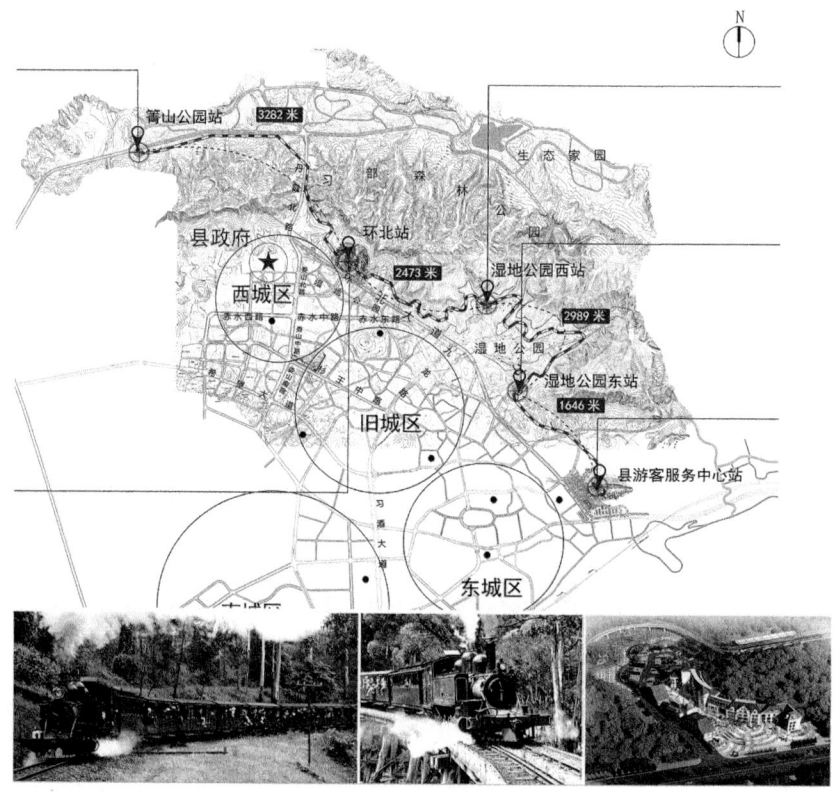

图23　项目概况

（二）区位分析

习水县地处大娄山山系西北坡与四川盆地南缘的过渡地带，位于贵

州省北部，东连贵州省桐梓，西接赤水、古蔺，是贵州襟川、通江达海的前沿窗口。境内属中山峡谷地貌，地貌按照地势形成的外力因素与地质条件，分为三种类型：浸蚀构造类型、溶蚀构造类型、浸蚀溶蚀类型。地势东高西低，最高处海拔1871.9米，最低处海拔275米。

（三）交通路线

习水交通设施齐全、路网四通八达。遵赤高速贯穿全境、习犁路、习赤路、茅习路、马合路，构建了通向重庆、成都、贵阳的出境通道，并不断有新高速、高铁在建中，未来通向四面八方更加便捷，成为黔北通向渝川的枢纽和咽喉。

（四）规划范围

基地规划范围沿小火车沿线，红线内约130万平方米，研究范围囊括西南侧县城城区及东北侧森林绿地、生态家园项目等。规划范围不局限于项目红线，根据概念规划实时调整。

（五）市场导向

1. 市场视角

快节奏的现代生活方式，激发出旺盛的休闲度假需求，使得休闲度假成为中国未来旅游市场的主流方向，其中山地度假因其独特的地理环境优势，再加上蕴藏着丰富的中国文化基因和传统脉络，为休闲度假提供了天然的场所。

2. 全国视角

放眼全国，西南地区生态环境优良、海拔高度适宜、气候条件舒适、文化多元丰富，是中国度假的主要板块。贵州作为西南地区生态优质度较高的省份，气候舒适度、景观优美度、海拔适中度与文化丰富度，具有成为西南度假板块的核心支撑巨大潜力，形成与海南相媲美的，中国未来独家的支撑极。而习水又是贵州做度假旅游最具潜力的县市，无论是在城市空间和区位条件上，还是在森林生态和地形地势上，都有着独特的优势和发展潜质。

3. 本地思维

旅居度假是习水旅游发展的核心价值和主攻方向，与一般的度假产品、度假区或度假基地难以撬动和支撑一个地方的经济发展不同，旅居度假可以形成一个大的度假产业，成为一个地区社会经济发展的核心支撑。

习水的旅居度假发展贯彻"两个坚持"：坚持"一个引擎"，坚持"三箭齐发"，以县城为核心引擎，形成创意性设计特色度假酒店的亮点名片，打造精品化建设主题度假区标杆项目，开发旅居度假小镇，构建度假旅游目的地。

旅居度假构建起大旅游度假产业链，能够成为地区社会经济发展的支撑，依照对旅游资源的利用方式和关联紧密度，以及旅居度假产业体系的推进秩序，可以将旅居度假产业体系划分为三个层级：核心产业圈（依托产业）、主体产业圈（带动产业）和延伸产业圈（拓展产业）。

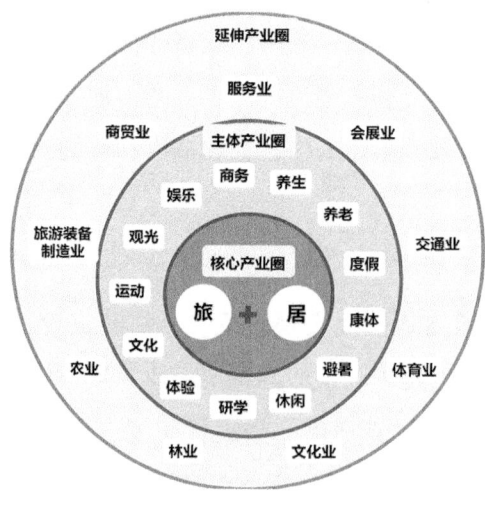

图 24　旅居度假产业体系

二、项目策划

（一）旅居习水

旅居是实现集旅游、休闲、度假、疗养、居住、商业等于一身的人居新境地，目的是营造"自然资源+景观+文化景观+生活住宅+核心配套+目的地式的文化主题体验"的旅居系统。

1."五位一体"旅居度假模式

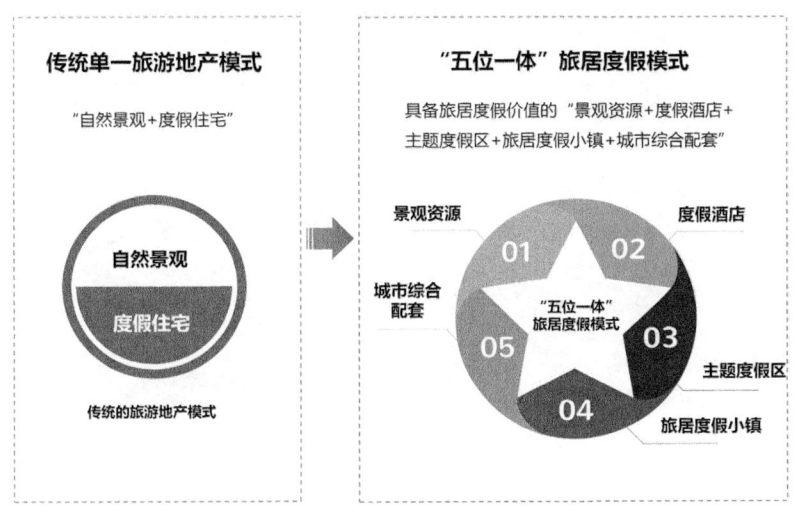

图25 "五位一体"旅居度假模式

2.习水森林小火车

火车是工业时代的初期产物，现在却是复古的文化，火车代表着离开，代表着到达，代表着旅程，小火车既是串联之轴，也是情感之线。贯穿南北、联动东西的小火车项目，可以成为旅居度假的串联轴线，将集休闲、观光、娱乐、度假四大功能于一身，成为旅行的贯穿线索。

小火车作为重要策划对象，需要解决的五个核心问题：

①如何被关注？整个小火车项目如何成为吸引物，而不仅仅是观光载体？

②如何上车？平淡的观光区域如何通过小火车视角变得有吸引力？

③如何下车？每个站点如何吸引游客下车，成为观光游客的停留点？

④如何与众不同？——厚植当地独一无二的文化元素，才能变得与众不同。

⑤如何持续运营？如何与旅游消费业态更好地结合？如何撬动旅居度假综合体的开发？

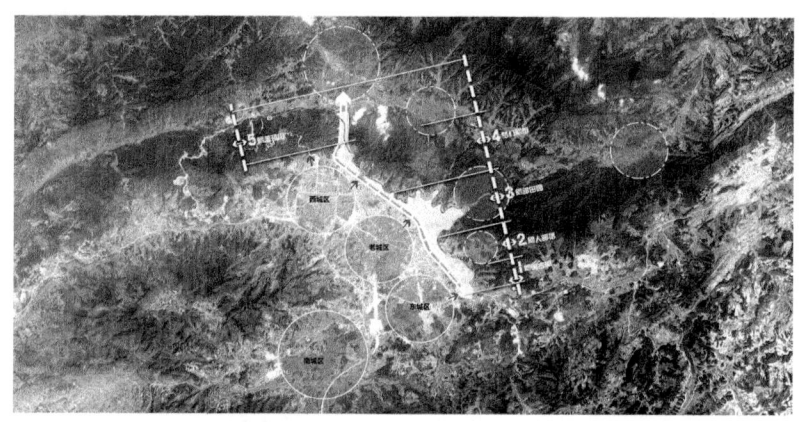

图 26　小火车作为旅居度假的串联轴线

习水森林小火车项目具有较高的开发价值，能够形成旅居度假的核心引爆点，为此，需要实现三个转变：

①从观光交通载体转化为创意观光休闲产品；

②从一条线的开发转化为一个带的开发；

③从观光窗口转化为集观光窗口、休闲平台、文化博览的三重功能。

3. 三大板块与小火车的联动

在"旅居习水"项目中形成小火车串联"老城新度假、中央生态休闲公园、度假新空间"三大板块的总体发展格局。

①老城新度假：提升老城环境、优化城市风貌、引入度假业态，打

造习水老城度假空间。

②中央生态休闲公园：即鳛部（参考本书第 84 页）一号小火车景区，以小火车产品为核心，集道路景观、休闲公园带、慢行系统、轨道景观带、湿地公园以及小型精品业态于一身的城市中央生态休闲走廊。

③度假新空间：以九龙山生态度假公园为发展核心逐步拓展特色小镇度假、滨湖精品度假、鳛部文化度假等多个度假组团，形成习水北部片区完善的森林度假体系。

（二）资源解读

1. 文化资源

（1）鳛文化

鳛：习水的特有，鳛源于 4500 年前的一种神奇的图腾，从原始的泛灵崇拜到国名、族名、河名、姓、县名……几千年来，亘古未变。

①鳛国：是商周时期的古国，与鳛国同时受封的国有超 800 数之多，以当时中华开化之地域，800 国从其数量来说已是相当之多，在春秋战国时期，大多小国均湮灭于历史长河，至于秦一统天下，则国祚中断。而今，文旅之风蔚然，以古国之名做历史文化文章的地方太多。大多是复原、展现、挖掘古国之风情、文化、历史人物。用厚重的文化色彩让人们感受当地久远的历史文化。

②鳛鱼：《山海经·北山经》记载："涿光之山，嚣水出焉，而西流注于河。其中多鳛鳛（叫声）之鱼，其状如鹊而十翼，鳞皆在羽端，可以御火。食之不瘅。"鳛鱼是一种会飞的鱼，这个传说也代表了这片土地上流淌着的不屈不挠敢于飞越的精神，和充满想象力以及梦幻色彩的人文品格。

③鳛部：据《大定府志》载，西南彝族进入俄海德赫之世，生九子。其第九子名德赫辉。他率九千人从滇北昭通经镇雄，入贵州赫章、

毕节、金沙至习水，依习水而居，因自号为鳛部，汉代至明代两千多年间，其区域包括今川黔渝的习水、赤水、仁怀、古蔺、叙永、合江、綦江、江津等县市区。

（2）红色文化

青杠坡战役、四渡赤水、土城古镇、黔北民宿、三岔河章武三年崖墓石刻、望仙台、石窟寺图腾文化，等等。

（3）民俗民风

习水以山地居多，又有赤水河横贯而过，几千年的风雨变化，造就了这片土地上的人们，既有山里人的辛勤、坚韧、内敛、善良，又有水边码头人家的洒脱、热情、豪放，他们的身上似乎自带一种难以解释的魅力，就像那古老的鳛国、神秘的鳛鱼。

（4）文化体系：四色习水

①红色习水：以四渡赤水为代表的红色文化，主要承载地土城。

②绿色习水：赤水河沿岸，鳛部生态园区，生态环境优良及绿色生态食品。

③古色习水：习水、习姓、鳛部、鳛国。

④白色习水：以习酒为代表的酒文化。

2. 自然资源

习水县旅游总规划依据资源类型、空间布局和交通组织，将全县旅游资源划分为五大资源组团，各组团代表性资源：①鳛部度假资源组团；②土城文化资源组团；③桑木温泉养生资源组团；④绿色休闲资源组团；⑤县城人文休闲资源组团。

3. 产业资源

贵州省习水县城市总规划（2011—2030）提出"一心两翼三流域多园区"的产业布局。"一心"是由县城和周围产业园区组成的经济核心；"两翼"是以煤炭和白酒产业为龙头的西部产业集群和以旅游和新兴农业为龙头的东部产业集群；"三流域"指习水河流域、赤水河流域和桐梓河流域；"多园区"指的是产业集聚区和产业集群。

4. 资源特色

综合分析自然资源、文化资源和产业资源，习水的资源特色可以总结为以下特色：

（1）地域资源丰富

习水自然风貌得天独厚，气候四季宜人，环境优良，污染源少，物种丰富。与此同时，红色文化享誉四海，景区较为成熟，鳛部文化久远而厚重，可深度挖掘黔北非物质文化聚集，民俗、民艺广。

（2）空间景观独特

古朴自然与厚重人文交融且紧密结合。丰茂的森林、大树古树参天、湍流不息的河流契合鳛部文化的发源，厚重且深远，山、景、人和谐共生，人文与景致完美契合，是演绎上古文明的绝佳场域。

（三）策划目标

1. 全域旅居

以山水生态为承载，以文化创新为引领，对接周边旅游旺地；以生态文明示范地、国家级旅游度假区、川南、黔北、渝西中心城市为发展目标，打造生态可持续、文化有特色、服务高标准、产业集聚化的，集生态观光、休闲消费、旅居度假等于一身的国家级全域旅居度假示范县。

2. 历史传承

以历史文化传承为主导，梳理习水的历史文化脉络。塑造城市的厚重感，打造独一无二的习水。对习部文化进行深度包装与推广，增大文化传承的附加值。树经典、树传奇，提高文化吸引力。

3. 城市素养

围绕全域旅游的目标，外扩资源，内化市民。传美德、养良习，调动全民参与的热情，让习水真正成为有内涵的城、有品质的城。形成习水由内而外的城市气质，形成可传承的永久财富。

三、概念规划

（一）概念规划思路

对外形成差异化发展，实现互补与共享；对内则要建旅游产业、树中心景区、造精品产品、立生态优先、推品牌营销。

①差异化发展：立足大区域旅游格局，在黔川渝范围内，走差异化发展道路，以习水本土文化为先导，构建独一无二的旅游资源。

②互补与共享：在差异化发展基础上，找到优势资源，促进区域联手互动，打造跨区域精品线路，强化与周边的连接，打造精品线上的亮点。

③建旅游产业：孵化产业大群体、旅游大市场、旅游大产品。在产品丰富的前提下，打造名牌产品，使各类产品都能"各领风骚"，称霸旅游市场。

④树中心景区：打造中心景区，以中心景区的优势形成与大区域的联动，带动县域内的其他旅游产品升级，营建长远的旅游中心格局。

⑤造精品产品：策划和建设一批有较大规模的精品项目和企业，使之成为实施大精品战略的骨干，创造卖点与亮点相结合的产品。

⑥立生态优先：把握旅游即生态的原则，减少对自然的人工干预。保护的同时注重生态修复与重生，不断扩大优质生态范围。

⑦推品牌营销：以塑造品牌为核心，旅游资源市场化、旅游产业集团化和旅游景区品牌化，形成可传承且无可替代的优质旅游资源。

(二) 目标愿景

规划立足核心资源特色，达成城景共筑、古为今用和产城一体三个目标：

①城景共筑：延续自然与人文交融的空间特色，塑造小火车沿线魅力风貌。

②古为今用：创新活化各类物质和非物质文化资源，打造习水特色文化名片。

③产城一体：促进传统行业升级，开拓旅游产业和文创产业，营造大区域高品质旅居品牌。

(三) 区域规划

围绕小火车线路周边并结合现状及总体规划，最终形成七个功能区块，以火车线路为主要线索，开辟区块之间的连接线路，与火车站点相互关联。

①旅居产业聚集区：旅游地产，短期、长期居住及配套功能板块。

②神兽文化体验区：神兽文化民宿、神兽文化展示体验（白天和夜间游产品）、神兽文化文创产品展示销售。

③鳛部生活体验区：健康的生活方式、养生的绿色食品、露营基地、青年旅社、民宿民居等。

④极限梦幻体验区：极限体育运动的相关售卖点、配套设施、火车主题餐厅、火车影院、火车休闲吧等。

⑤健身慢养体验区：在现有基础上增加健身设施、观鸟塔、观星塔等。

⑥行政科教功能区：在行政中心区域完善教育、医疗、博物、科普等普惠性民生项目，完善基础服务体系。

⑦传统居住及现代商业聚集区：以传统聚居区为核心发展现代商业，以人口密度为基础催生商业发达。

规划以小火车线路为主要线索，串联特色民宿、湿地公园、森林游乐、箐山公园以及生态家园等区域，通过与小火车的连接道路，形成景区一体化。通过一级节点、二级节点、三级节点和对外连接点的设置，调节动线节奏，以内部有序、外联通达为原则，提高运行效率，丰富旅游产品形式。

①一级节点：围绕小火车站点，设置与其他节点的交通转换方式，形成人流集散地，打造丰富多彩的游乐形式、商业形式。

②二级节点：深入风景或城区，以核心景点项目或交通转接为节点，形成区域亮点。

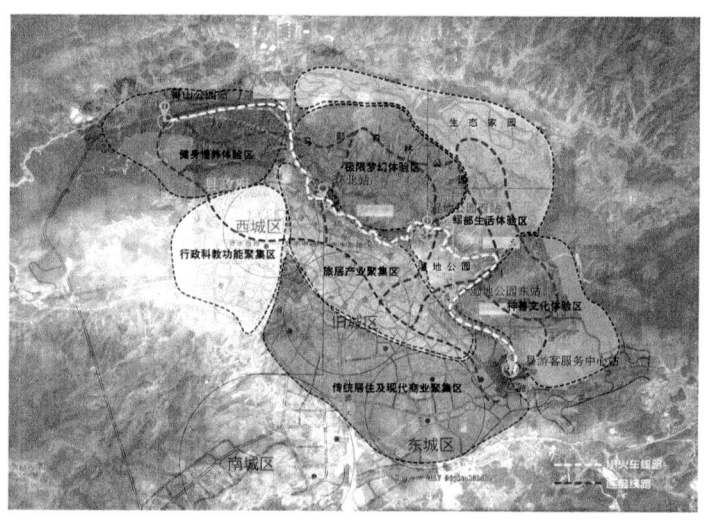

图 27　小火车路线图

③三级节点：散布在各区域内的各具特色的景观景点，休闲游乐、参与体验节点。

④延伸连接节点：在小火车线路起始及终点设置中长距离交通工具转换，是此区域对外的延伸，同时也是周边旅游与本项目的协同发展连接节点。

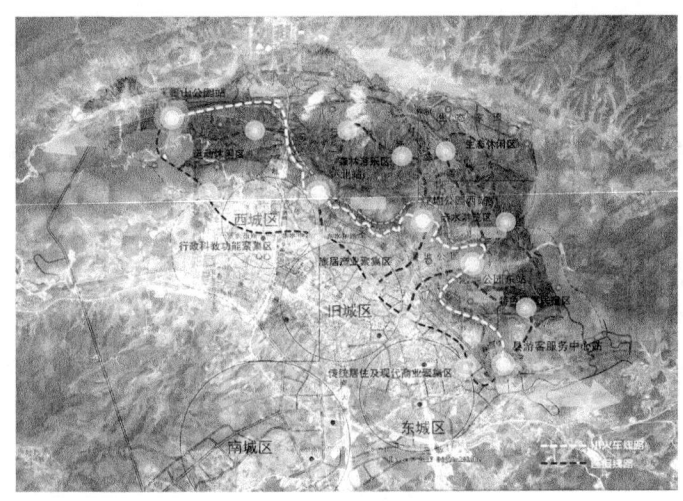

图 28 小火车路线节点设置

(四)交通规划

1. 慢行系统规划

建立城市慢行系统,提供动线上的多种交通形式,让旅游渗透到城市的每一个角落,营建并行步道,提供游览动线的多种选择,丰富观景体验。

按照慢行距离长短和舒适度,规划出:短距离舒适慢行线(浅蓝)、短距离较难慢行线(深蓝)、中距离舒适慢行线(浅绿)、中距离较难慢行线(深绿)、长距离舒适慢行线(橙色)、长距离较难慢行线(品红)六条慢行道路,形成不同距离规模的短游环线,并与火车站点连接,形成多层级多节点的立体动线体系。

2. 车行系统规划

车行系统分城市主干道(红色)、旅游专线(绿色)、次干道(蓝色)、景区线路(橙色)四条车行道路,形成不同距离规模的短游环线,并与火车站点连接,形成多层级多节点的立体动线体系。

（五）产业规划

1. 产业策略

产城一体，城景联动，以泛旅游产业模式推进新型旅游城市建设。首先，引导旅游业和相关产业的配套，推动产业融合；其次，通过对功能空间结构的调整，促进消费聚集，扩大旅游规模，丰富旅游业态，实现产业聚集；最后，以产业聚集为基础，实现产业集群化发展，形成以"吸引力景区＋休闲聚集区＋综合居住区＋公共服务设施配套"为发展模式的旅游城市结构。

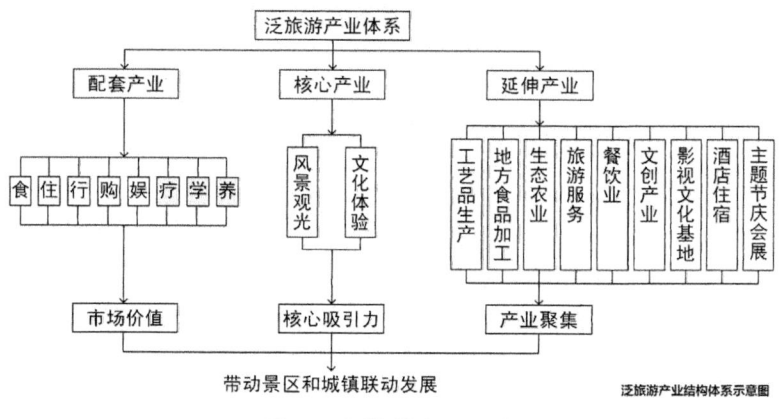

图29　泛旅游产业体系

2. 产业布局

在现状功能空间基础上，以泛旅游产业模式统筹景区和城市的协同发展，最终形成"一轴＋两带＋五板块"的功能空间结构。

①一轴：既是依托小火车线路、衔接景区和城区的空间发展轴，也是展示习水形象的重要景观廊道。

②两带：依托城市现状，一手打造休闲度假旅游景区，一手完善城市基础设施、便民利民措施，构建城市景区一体化。

③五板块：以小火车站点为中心，分别构建特色功能区域。

四、小火车项目规划

小火车沿线地形东高西低,小火车线路沿群山边沿行走,自然地貌生态良好,以森林和丘陵地貌为主,火车线路高低起伏,景观视线佳,易形成较良好的造景面。缓坡地带为打造连片景观提供地形优势,与湿地景观相互辉映。

(一)文化主题

将"奇游鳛部乐居习水"作为小火车旅游的主题诉求,取"商、养、学、闲、情、奇"为新的旅游六要素,以奇游鳛国,带给游客以文化的差异、感官的惊奇、旅途的探奇。围绕文化主题,从空间上让小火车产品不仅限于沿线,而拓展到旅居习水的领域;从色彩上赋予神奇、神秘、欢乐、自在的色彩;从口语上朗朗上口,让人容易产生记忆和向往。

小火车分别命名为鳛鱼号、鳛鼓号、鳛部号。分别以鱼、鼓(鳛部战鼓)、人(德赫辉彝人服饰)为车身外观文化元素。车头为"鳛"字。每列车选一节车厢设置其他形式的座位,作为贵宾车厢。

图 30 小火车

（二）分区主题规划

1. 五道吉门

①吉祥门（游客中心站）：游客在游客中心聚合，从神兽湾上车，途经神兽湾神兽吉祥文化体验区，穿越吉祥之门，开启奇游鳛国的旅途。吉祥之门以鳛和上古十大神兽的吉祥符号点缀，充满神秘感。

②鳛部门（湿地东站）：穿过鳛部之门，游客走进鳛人部落，感受鳛部迁徙之旅。

③九圣门（湿地西站）：九圣门德赫辉为第九子，率九千人部族，创立鳛部，偃武修文，强盛一时。穿越九圣门，走进鳛部王城。

④逍遥门（环北站）：逍遥——老庄哲学中的逍遥自在的状态，穿越逍遥门，走进漫心谷。漫心谷代表了一种快乐自在的逍遥状态，代表了一种自在自然的超离生活。

⑤宏愿门（箐山站）：对应的是鳛鱼的飞越之门。穿越宏愿门，祈愿得愿，祈福得福。

2. 五个文化主题

①神兽湾（或鳛水源）：鳛人、鳛鱼、《山海经》里记载的神兽文化；包括髳鳛的生活展现、神兽文化民宿、神兽祭堂等。

②金银海：记载德赫辉迁徙过程中"撒金片银片，祭祖又祭山"，因此将此景点命名为金银海，展现了鳛人的生活。

③集云芎：芎意为芳香，亦通香。展示了鳛部创建后的盛景，史书这样记载："大房小房，如集云闪电"，比喻房屋鳞次栉比。与上一景点衔接，同为展现鳛部生活。

④漫心谷：文治武功的鳛部，繁华自在的生活，悠然浪漫。

⑤跃龙庭：鳛鱼飞越，鳛部创建；如鱼飞而为龙；在此处演绎鳛鱼飞越。

第四章　非物质文化遗产与文旅融合案例 | 93

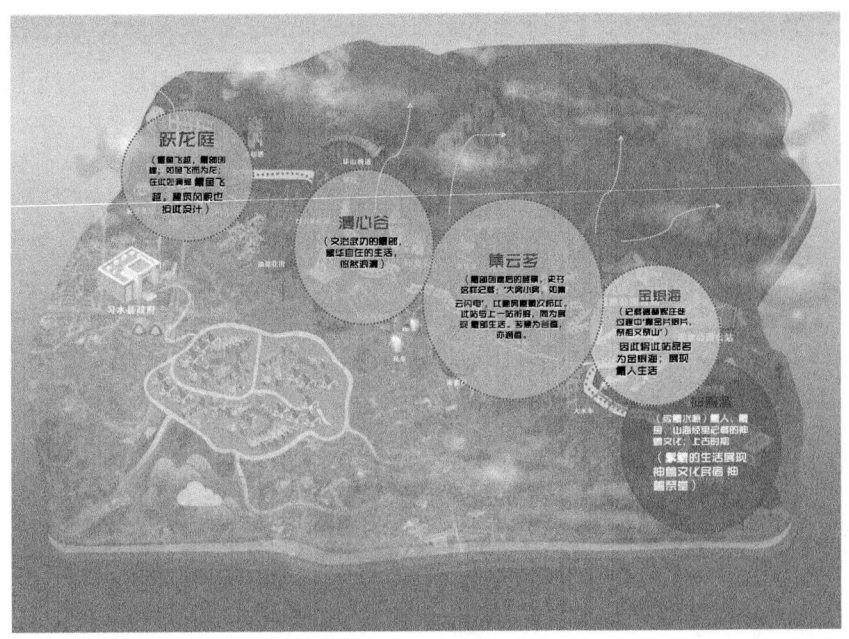

图 31　五个主题文化

3. 小火车串联周边景区的功能分区

（1）神兽吉祥文化体验区

①对应站点：游客中心站（吉祥门站）

②主题：鳘和他的十个小伙伴

③文化主线：祈福纳祥。

④文化背景：《山海经》里记载的上古时期（以《山海经》记载的上古十大神兽作为文化元素，加上鳘鱼的传说，构建一个上古时期的神秘时空）。

⑤涵盖文化元素：

a. 鳘鱼（梦想之鱼）：一种会飞的鱼，这个传说也代表了这片土地上流淌着的不屈不挠敢于飞越的精神，和充满想象力以及梦幻色彩的人文品格。

b. 白泽（德行高洁）：昆仑山上著名的神兽，浑身雪白，能说人话，通万物之情，很少出没，除非当时有圣人治理天下，才奉书而至。是可使人逢凶化吉的吉祥之兽。黄帝巡游至东海，遇之，此兽能言，达于万物之情。问天下鬼神之事，自古精气为物、游魂为变者凡万一五百二十种，白泽言之，帝令以图写之，以示天下平时极少出现，除非圣人降世，乃是德行高的统治者的象征。

c.夔（力量之神）：生于东海流波山，外形如牛，只有一只脚，性情凶恶，所以黄帝轩辕曾命令九天玄女杀之，将其皮作为战鼓，这战鼓在黄帝与蚩尤的最后一站涿鹿之战发挥出极大的作用，不仅能够振奋士气，更让对手畏惧。

d.凤凰（百鸟之王）：百鸟朝凤，凤凰乃是中国神话中的百鸟之王，其中雄为凤，雌为凰。自古以来，凤凰如同神龙，在中华文化和信仰中占据极高的地位。

e.麒麟（杰出才俊）：乃是中国古代圣兽的象征，象征着世间祥瑞和美好。古代曾有孔子和麒麟圣兽的传说。与凤、龟、龙共称为"四灵"，是神的坐骑，古人把麒麟当作仁兽、瑞兽。雄性称麒，雌性称麟，常用来比喻杰出的人。

f.精卫（坚韧不拔）：据《山海经》记载：北二百里，曰发鸠之山，其上多柘木。有鸟焉，其状如乌，文首，白喙，赤足，名曰"精卫"，其鸣自詨。是炎帝之少女，名曰女娃。女娃游于东海，溺而不返，故为精卫。常衔西山之木石，以堙于东海。漳水出焉，东流注于河，是坚毅不拔的精神象征。

g.獬豸（明辨是非）：外形类似麒麟，虽然面目恐怖，却是公正和法律的化身，能够明辨是非。

h.犼（上传天意）：在中华正统神话传说中，它是守望的象征，如同灶神一般，上传天意，下达民情。《述异记》说它能力强大，以龙为食。

第四章 非物质文化遗产与文旅融合案例 | 95

图 32 神兽吉祥文化体验区概念效果

i. 重明鸟（柳暗花明）：最早在《拾遗记》中有记载，最早出现在尧在位的时候，形如凤，古代新年的时候常常贴于门前，代表重明之意。

j. 毕方（旺盛火神）：外形如同独角仙鹤，乃是火的象征，传说黄帝在泰山聚集鬼神之时，乘坐着蛟龙牵引的战车，而毕方则伺候在战车旁。

k. 饕餮（祓除不祥）：龙的九子之一，《山海经》《左传》《吕氏春秋》等多部古籍都对其有详细的描述，传闻能够吃尽天下万物，如今小说中常常能够看见对它的描述。代表求佑福与祓除不祥。

⑥业态建议：神兽文化民宿、神兽文化展示体验、神兽文化文创产品展示销售、神兽堂。

（2）鳛部绿色生活体验区

①区块：湿地公园、鳛部森林公园、生态家园、三八水库

②对应站点：湿地东站（鳛部门站）、湿地西站（九圣门站）

鳛部门站的建筑风格借用彝族民居元素，加上现代抽象艺术风格，辅以黄白木片装饰和鳛的文化符号，表达一种神秘、敬天法地、崇尚自然的文化主题。

九圣门站将连接鳛部王城，展现鳛部创建后的盛景，史书这样记载德赫辉创建的鳛部盛景："大房小房，如集云闪电"，比喻房屋鳞次栉比。偃武修文、盛极一时。芎意为芳香，亦通香。

经考证德赫辉拓境迁徙路线是从昭通出发，建议此站建筑风格用古彝族人创建的南诏国王室的建筑元素，但不能复古照搬，而是用其元素，加上现代风格，定位应是从当代视野看到的鳛部鼎盛时期的建筑。

③主题：畔水而居的丛林部落，勇敢浪漫、坚韧不拔。文化主线：绿色健康的生活方式、勇敢浪漫的精神力量。

④文化背景：汉朝时期的鳛部

⑤健康的生活方式：走（慢行系统）、攀（爬山运动）、舞（健身鳄舞）、聚（节庆聚会）、乐（快乐生活）

⑥养生的绿色食品：羊、茶、酒、鱼、水

⑦其他业态：露营基地、青年旅社、民宿民居

图33 鳝部绿色生活体验区概念效果

（3）超越极限、非同寻常的人生体验

①区块：湿地公园西部、鳝部森林公园西部，与城区联动

②对应站点：环北站（逍遥门）

将营造梦幻鳝市和火车文化体验区。建议其装饰风格为鳝和与鳝同一调性的《山海经·海外经》神秘的东方奇幻元素，加上古老的西方魔幻元素，形成东西方关于想象世界的对比和呼应。火车文化体验区则装饰抽象的、手绘的漫画的火车文化元素。整体的装饰风格似抽象派画家充满想象力的画作。

③主题：超越极限、非同寻常的人生体验

④文化主线：极限运动（蛮游）、梦幻穿越（漫心）

⑤文化背景：无时空的出离常规生活状态的体验

⑥涵盖元素：

a. 蛮游：极限体育运动（蹦极、空中玻璃走廊、悬崖秋千）

b. 漫心：火车文化体验区

⑦业态：

a. 极限体育运动的相关售卖点、配套设施等

b. 火车主题餐厅、火车影院、火车休闲吧等

⑧梦幻鳛市：由"鳛鱼"这一会飞的充满浪漫想象的图腾形象延展，在环北站重点打造一个创意、梦幻、新奇的休闲娱乐站点。梦幻鳛市由梦想园、奇妙园、童趣园、黔味园组成。

a. 梦想园：一条有梦想的鱼，一群有梦想的人组成的手作、餐饮等业态

b. 奇妙园：奇思妙想园。各种新奇的文化体验、科技体验

c. 童趣园：亲子餐厅、亲子游乐等

d. 黔味园：贵州特色餐饮、习水土特产等

（4）火车文化体验区（环北站重点打造）

①火车与爱情：记录发生在火车上的爱情故事，在《开往春天的地铁》《周渔的火车》《天下无贼》《站台》《甜蜜蜜》等经典歌曲中体味爱情的美好。

②火车与电影：重温《东方快车谋杀案》《生死时速》《憨豆的假期》等一系列经典电影，此情此景，开启一段美好的火车之旅。

③火车与孩子：包括亲子游戏、亲子餐厅等。

④火车与我们：将每一个人在火车上发生的故事，以故事便利贴的方式记录。

图34　火车文化体验区概念效果

（5）养生体验区

①区块：箐山公园，与城区联动

②对应站点：箐山站（宏愿门）

③主题：健身休闲运动

④定位：满足市民需要的城市公园，打造健身主题，并在现有基础上增加健身设施、观鸟塔、观星塔等。

图35　养生体验区概念效果

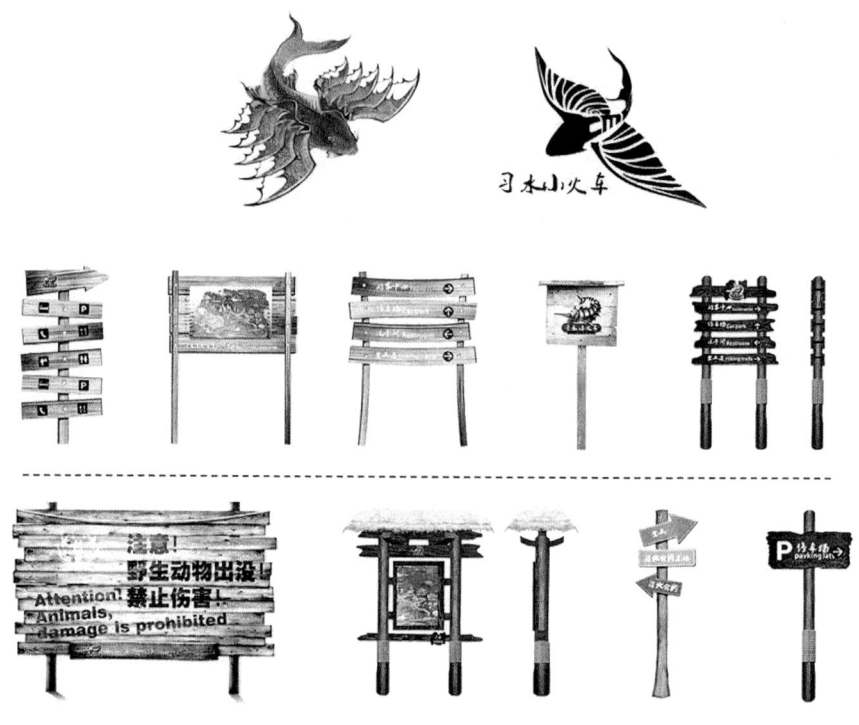

图 36 导视系统

五、夜游策划

（一）夜间旅游项目开发五大原则

1. 集中性

游客不能像白天一样重新把景区游览一遍，而是主要在景区的背景下进行休闲娱乐活动，所以夜间旅游项目的开发在空间上，应该集中在一两个景点或观景点上的休闲区，而且靠近旅游服务区。

2. 互动性

与白天的旅游项目相比，夜间旅游中的游客自主性更强，精神和情感上的需求也更大，旅游项目设计中更加需要游客与景区之间，游客与游客之间的互动与交流。是可能有更深层次体验的景区。

3. 互补性

夜间旅游项目的设计一定要强调与白天旅游项目的互补。一方面展现与日常旅游项目的不同。如白天内容以景观为主，夜晚以风情为主，白天功能以观光旅游为主，夜晚以休闲体验为主，切实使游客收获到与日间旅游不一样的感触，创造新的兴奋点，把景区表现得更加丰喜。另一方面又要成为白天旅游的情感延续和体验深化，转化为游客在景区内的持续消费。

4. 本土化

特色化和本土化是旅游项目设计的重要原则，随着夜间旅游项目纷纷扮演着越来越重要的角色，竞争日趋激烈，对夜间旅游项目的特色化和差异化的要求，也越来越高。

5. 综合性

夜间旅游不再是简单地用灯光把景区照亮让游客再游玩一遍配上娱乐购物项目的时代了。成功的夜间旅游吸引力的打造通常不会是一种旅游产品形式，而是几种形式的综合，也不是简单的相加，而是围绕夜间旅游吸引力打造这一目的下的整合。一般包括引力的打造的项目为主打，消费性项目为辅助。

（二）夜游场景策划

不同于日间景点呈现的自然状态，夜间场景塑造需要借助各种科技手段和照明设计，自然景观为夜间视觉景观呈现提供了表演场，以创新的视觉内容和震撼的视听享受，使所有场景呈现出截然不同的新面貌，带领游客进入一个充满想象力的奇妙新世界。

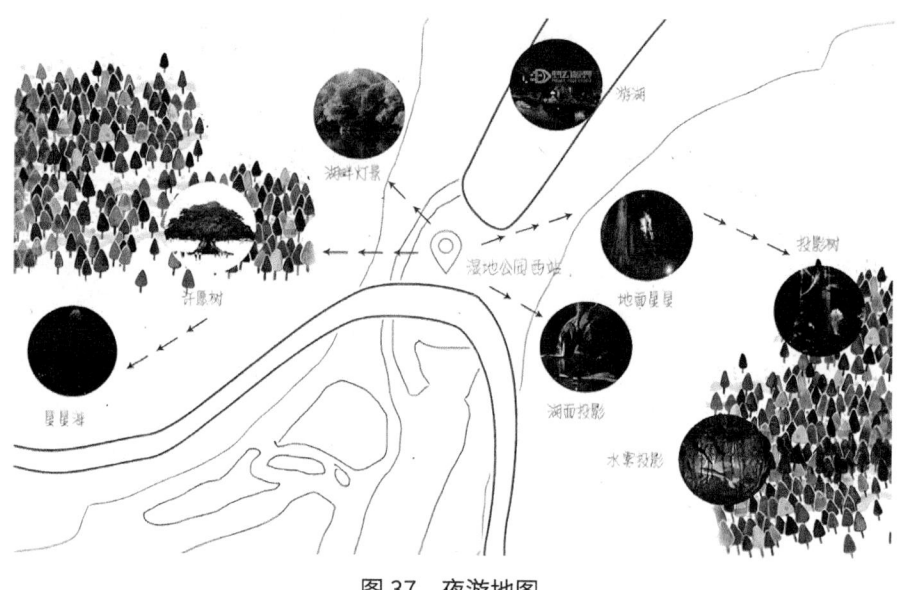

图 37 夜游地图

①光彩梯田：现有的梯田和山涧水田配合色光照明，形成流光溢彩之景。

图 38 梯田、山涧水田之景

②许愿树：树干作为投影区域，营造许愿祈福之景。

图 39　许愿树

③奇幻森林：在有斜坡和视野开阔地带，地面布灯，夜间全部点亮，营造一片荧光闪闪的海洋，形成如梦如幻之景；亦可在树木与树木之间用全息纱和雾屏做投影。

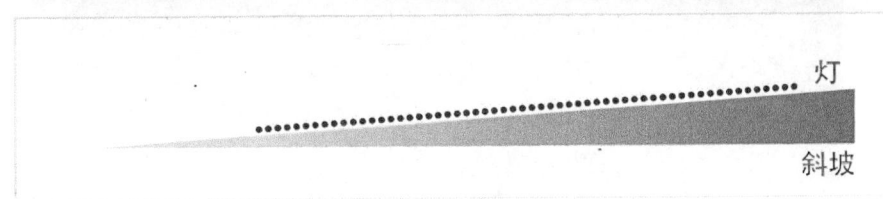

图 40　星星海

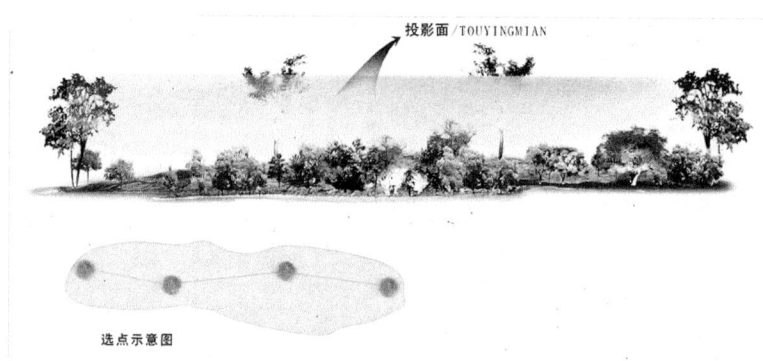

图 41　全息纱

图 42　雾屏

图 43　奇幻森林

④投影屋：将投影机暗藏在造型奇特的投影屋内，设备和场景融为一体，根据应用场景，可以采用太阳花、信箱、魔方、灌木丛、蘑菇、树屋、机器盒、机器人、树洞等造型。

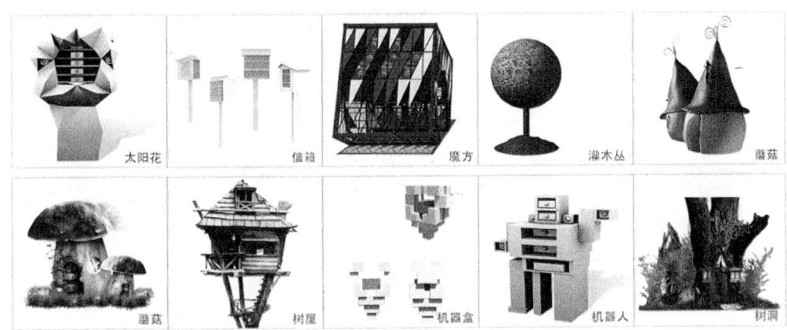

图 44　投影屋

⑤沉浸体验：通过声光电的完美配合，给观众带来强烈震撼的视听冲击，并使其享受身临其境的高科技虚拟现实体验。

图 45　裸眼 3D 投影

⑥时空隧道：在小火车穿行过程中，隧道中所呈现的景观将成为一道亮丽的风景线，有可能回到遥远的过去，或进入未来，因为在时空隧道里，时间具有方向性和可逆性，它可以正转，也可倒转，还可以相对静止。在时空隧道里面鳋鱼讲述它生活过的场景，有海洋，或是经历风雨雷电……

整个隧道设有四个景点，在入口和出口也做一定的效果，例如，将高压喷雾藏于隧道顶部，向隧道口喷出水雾，营造一种仙境，利用投影、激光灯等设备在隧道内壁投影各种场景，形成不同的场景景观。

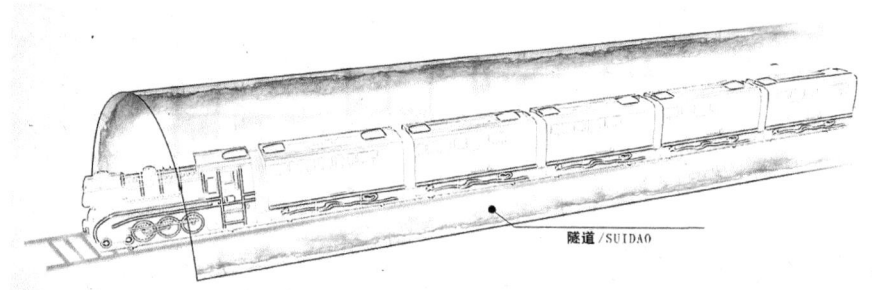

图 46　时空隧道

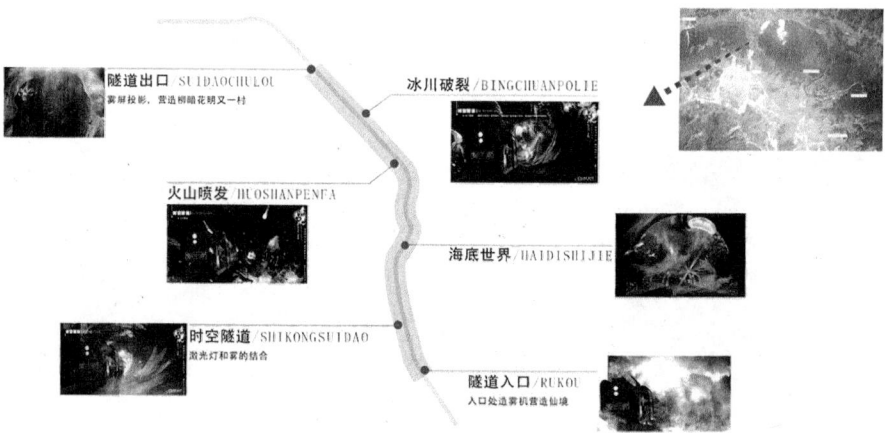

图 47　时空隧道特效地图

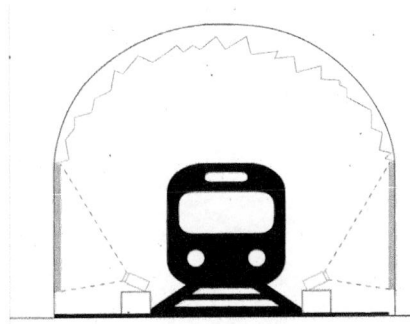 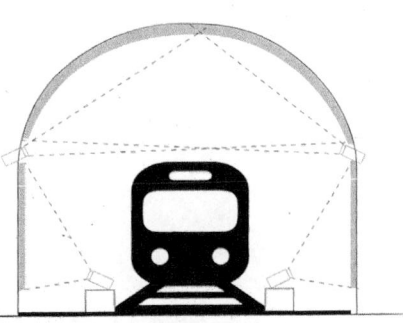

图 48　时空隧道投影方式

图 49　时空隧道入口

图 50　时空穿梭

⑦水幕投影：以崖壁为投影幕，形成巨幅动画场景，生动再现文化

故事，营造奇观之景。

图 51　水幕投影正视图

图 52　水幕投影侧视图

图 53　瀑布

图 54　飞越丛林

六、延伸产业

（一）从绿色生活到绿色产业

1. 绿色生活

习水小火车将带给人们"慢行、漫心、蛮游、曼居"四种生活状态。慢行，是放慢脚步后的漫步、慢行之态；漫心，是在漫画般梦想王国中开启心灵漫游的浪漫之态；蛮游，是在鳛部探险之旅中感受到的野性之态；曼居，是旅居习水，在曼妙美好的居住中感受到的美好生活之态。

2. 绿色产业

①鳛人的养生五宝：鳛羊（黔北麻羊），鳛茶（老阴茶），鳛酒（枸酱酒），鳛鱼（习水鱼），鳛水（山泉水）。

②鳛人的健身五法：道路慢行系统；爬山、登高、攀岩等；鳛人舞；各类节庆活动；全域旅游。

（二）IP 延伸产品

①动画电影《鳛》：以鳛鱼的故事拍摄一部动画电影。展现完整丰

满的东方神奇世界，充满美轮美奂的中国画风，深邃智慧的中国古典哲理。

②手绘插画《会飞的鱼》：小人书《会飞的鱼》作为售卖的文创产品之一，作为父母讲给孩子听的励志故事；同时，附有音频（给孩子们听的故事），并邀请电影《大鱼海棠》的原画师或宫崎骏动画电影的插画师来作画。

③火车奇游记《奇游鳛部》：与会飞的鱼同时作为文创产品的还有《奇游鳛部》，讲述一个现代的小朋友和鳛鱼的故事，回到鳛部，开始浪漫美丽神奇的奇游记。

④神兽文化系列文创产品《鳛和他的十个小伙伴》：鳛为《山海经》里记载的一种会飞的鱼，《山海经》记载了流传广泛的上古十大神兽，以"鳛和他的十个小伙伴"为主题开发系列文创产品。

七、市场分析及业态建议

（一）客源来源分析

1. 接轨重庆一小时经济圈

习水县东部片区的 5 个乡镇都在重庆一小时经济圈内，处于重庆经济的辐射叠加地带，习水主动融入重庆一体化发展改革试验区，被列为重庆旅游度假经济走廊上的节点城市。

2. 融入成渝经济圈

习水位于成渝经济区和黔中经济区两个国家层面重点开发区域的中间点，连接成渝—黔中经济走廊的经济地位十分重要，要承接成渝经济圈的辐射带动，加速融入成渝经济圈。

3. 川黔渝"金三角"旅游区中心地带

习水处于川黔渝旅游"金三角"的中心地带，三省合作共同打造川黔渝旅游"金三角"区域旅游大品牌。

4.精品游线上重要旅游度假节点

习水为贵阳—遵义—仁怀—习水—赤水—泸州精品旅游线上重要的旅游节点。

（二）旅游资源分析

1.气候资源

习水县环境基底较好，属中亚热带季风气候区，年平均气温13.6℃，年均降雨量900~1300mm，空气湿度较大，冬无严寒，夏无酷暑，四季分明，适宜全年度假。习水县度假气候资源极具优势，根据习水县气候舒适度区域优势比较，习水县是最适宜度假的地区。①从适宜旅游的月份数量上来说，习水县最适宜旅游的月份有7个月。②从季节上来说，周边川渝市场偏爱夏季凉爽的避暑气候，一年中最热的7、8月最适宜度假的只有习水县。

2.绿色资源

习水绿色资源主要包括森林旅游资源、草地旅游资源和农业旅游资源。森林资源极其丰富，全县植被覆盖率53%，境内千年红豆杉和中国杉王具备代表意义和观赏性。草地资源数量少，目前仅限于观光和浅层次体验。农业旅游资源主要以农业产业园形式出现，形成了独具特色的原生态村落。

3.其他旅游资源

习水的其他旅游资源还有：①温泉养生资源；②水体湿地资源；③历史文化资源；④红色文化资源；⑤美酒文化资源；⑥民俗文化资源等。

（三）区域旅游现状

根据川渝市场与目的地的距离远近比较来看，现阶段习水县旅游交通发展不足，与重庆客源市场的距离依次为赤水＜桐梓＜习水，与四川客运市场距离依次为赤水＜习水＜桐梓，可进入性有待完善。

习水县旅游收入总量虽不如桐梓县和赤水市，但是其增长率是最快的。全面整合资源优势，把握市场定位，发挥后发优势，推动跨越崛起，是习水县旅游业进一步发展的首选路径。

对比周边市县，习水县旅游资源禀赋较好，但开发利用方式亟须改善。习水县应充分利用江习古高速建设契机，发挥后发优势，多角度审视，重新定位，谋定而动。

（四）总体市场分析

根据习水所在区位周边人口消费情况，以及现有景观资源，习水小火车的消费市场主要包括三部分：第一是避暑度假消费市场，第二是生态休闲市场，第三是文化体验和养生消费市场。

1. 避暑度假市场分析

习水县所处海拔约为1700米，气候温和，尤其夏季清凉。以避暑气候资源为依托，结合文化、养生、生态，联合商务会议市场，建设多种健康管理项目，逐步建立完善的度假功能体系，同时实现产业链的延伸和发展。

避暑市场具有人口较多、季节性强、单次消费能力较高、消费频次居中的消费特点，本项目整合了习水当地自然文化资源，形成了完整的旅游产品链，使得到遵义和黔北地区避暑的人群能够更多地向习水县集中。在避暑观光的同时，在"吃住行游购娱"各方面得到满足，使习水县在黔北地区避暑旅游业中脱颖而出，吸引更多游客。

2. 生态休闲市场分析

重庆、四川、贵州等地游客生态观光旅游占最大比例，习水县的丹霞、河谷、溶洞、森林、农田等生态景观丰富，对接川渝黔核心市场需求，精品化开发县域内重点生态资源，打造精品生态观光产品。增强习水县旅游竞争力，使之成为贵州旅游主线路上的一个观光点，让到贵州主要景点的游客能尽量多地把习水作为一个停留节点，吸引全国各地到贵州观光的游客，带动当地的旅游市场。

3. 文化体验和养生消费市场分析

养生市场目前已经成了一个大家普遍认同、消费意愿较高且利润较高的市场。习水属于黔北山地，森林覆盖率高、负氧离子含量高，温和少尘，比较适合在此中长期休养。因此习水当地具有高质量的自然资源，可以开发养生市场。习水县文化体验游以红色文化为核心，历史、民俗、习酒等文化也占有重要地位。红色文化体验，以土城和赤水河沿线为重点，集生态观光、农业观光、家庭娱乐、历史文化体验于一身，逐步建立体验性、趣味性的度假功能体系，同时实现产业链的延伸和发展。

习水县当前的交通设施正在逐步改善，随着江习古高速的建成通车，川、黔、渝旅游"金三角"的发展前景更加广阔，处于川黔渝三省接合部的习水，其旅游发展的区位优势将逐渐凸显。习水应在充分利用交通优势和资源特色的基础上，充分考虑自驾游群体，构建完善的自驾游引导辅助系统，配备充足的停车场、车辆检修点、自驾车营地等，以充足的配套服务支撑自驾游活动开展。

(五) 旅游市场快速发展

习水县近五年来游客数量增加很快，《习水县"十二五"旅游业发展规划》在延续"旅游活县"基础上，进一步突出了旅游业在国民经济发展中的地位，明确提出旅游产业作为第三产业的龙头产业，要成为国民经济新的增长点和后续支柱产业。人次消费额也逐年提高，从2008年的人均511元增加到980元。预计在"十三五"期间，习水县游客数量仍将维持每年20%~30%的快速增长，至2020年可突破600万人次，至 2020 年的人均旅游消费将到达 2000 元 / 人次以上。

尽管习水县目前旅游市场发展较快，但仍然面临：尚未融入重庆旅游圈、省内旅游合作有待加强、区域旅游产业链不完善、缺乏区域精品旅游线路的问题。

现阶段习水县对赴黔观光游客的分流数量仍然很少，2016 年贵州全年旅游人数达到 5.31 亿人次，而习水全年仅有 273.46 万人次，占全贵州游客的数量份额只有 0.51%。我们应通过小火车项目串联县域各特色旅游主题，提高整体旅游吸引力，把习水县的旅游项目整合到贵州观光线路当中，成为一个常态旅游停留节点。

接下来需要确立大重庆为第一旅游目标市场，抢占大重庆市场，通过主题化、针对性的营销活动，培养重庆市民对习水旅游的偏好。强化习水避暑度假品牌，特别是针对大重庆经济圈，使之成为旅居度假的品牌代言与标签。

（六）项目目标客群

项目目标客群在对应前述三个消费市场基础上又兼顾了习水县的本地需求，包含全国观光游客、西南避暑游客和本地及周边地区居民三个群体。

1. 全国观光游客

全国观光游客到贵州的数量众多，全年达到 5.31 亿人次，且贵州气候温和，持续观光性强，受季节因素影响小，节假日期间旅游人数呈井喷现象。

这部分群体停留时间短，但消费能力强，跟风性消费和冲动性消费明显，对于住宿消费及当地纪念品消费需求较大。现阶段游客数量较少，未来建立有效线路后的发展空间较大。

小火车多用于观光旅行，观光游客消费频次受限但基本均会体验一到两次。针对这类型游客，提高习水在贵州和网络上的知名度十分重要，即以小火车为宣传噱头，以各站点特色主题为亮点，以鳛国传说为文化底蕴的习水旅游品牌来吸引这一部分游客。

2. 西南地区避暑游客

主要来自重庆和四川东南部，以避暑为目的前往贵州。相较于第一类型游客，他们对于习水的熟悉程度要更高，但贵州有多个避暑胜地，习水县想要脱颖而出，必须加大宣传，利用小火车项目整合鳛国文化、习酒等形成差异性特色来吸引他们。让游客在避暑的同时能享受到更为丰富的体验。

这类游客的季节性分布强、数量多，是目前习水当地主要的游客类型，他们在当地停留的时间远比第一类游客要长，因此他们更倾向于日常消费、生活服务消费和休闲娱乐消费，而不是简单观光和购买当地特产。

这类游客多为自由行，且消费能力较强。但他们对于小火车的消费频次不会太高。站点里可在夏日多设置一些民俗特色强的表演、特色节日活动等，调动他们的积极性和新鲜感。

3. 本地及周边地区居民

前面两类客群都是短时间或季节性地在习水停留、旅行和消费，而小火车作为一个可常年运行的项目，仅靠候鸟式的客流不能较好发挥其效益。

小火车项目紧临县城，作为习水县当地居民，虽然其消费能力低于其他类游客，对鳛国乡土文化也非常熟悉，没有猎奇的热情，但作为本地长期居民，消费频次高且非常稳定。因此针对他们，小火车更多成为一个日常休闲消费活动，小火车的使用更接近公交化，可推出年票、半年票等方式，给予居民公共交通类型的折扣方式，使得小火车项目建设后能尽快融入本地居民的日常文化消费生活。

他们对于项目周边娱乐、餐饮消费较多。这类对象单次消费能力较低但基数较大、消费频率高。同时对本地景观、文化消费很少。因此，在设计各站点时，应配备完整的日常休闲产品和与本地传统文化差异性大的体验项目，以吸引本地居民，满足其市民日常休闲需求。

由于他们常年居住在习水县城内，与小火车景点空间距离上近，因此对于住宿消费需求小，对餐饮业、娱乐业等业态需求更为突出，并且随着人们对运动养生类产品的追捧，健身需求市场也是开发方向。同时，他们也是非旅游旺季时，避暑游客数量少的时间段内，本项目的主要消费群体。

（七）业态建议

以鳛国特色旅游文化资源为代表，以前述三类客群为目标，打造多元体验、产业配套、结构合理、突出森林生态的特色文旅业态组合，具体体现在餐饮及文化体验（西餐厅、体验式亲水餐厅、瀑布餐厅、养生类餐厅、滨水咖啡厅）、娱乐产业（电影院、KTV、密室逃脱、真人CS）、住宿业（精品酒店、青年旅社、精品民宿）、零售业（习酒、习羊等特产销售与特色服装、饰品等旅游纪念品销售）四方面。

（八）主要收入及盈利模式

根据小火车项目业态的布局，主要有以下几类：

①运营收入。

②门票收入。白天和夜间可设定不同的门票价格。

③列车票价收入。本地居民和游客分票计价，游客主要以套票形式销售体验活动收入。部分站点设有供游客选择体验的活动。

④个性化服务销售收入。景区内提供精品全程跟拍、婚纱摄影等私人定制服务。

⑤物业租赁收入。各站物业出租给餐饮业经营户，业态稳定后可形

成长期稳定的租赁收入。商铺、娱乐设施等出租给旅游产品经营户、旅游文化活动组织者的各项租赁收入。

⑥商业地产销售收入。湿地公园东西站民宿、环北站、习酒风情街等消费聚集地的物业租金稳定,利于商业店面的销售。通过房屋销售可快速增加收入,缓解投资压力。

项目建设带动小火车沿线区域实现区域土地增值和城市环境改善,由此带来的土地增值的销售收入,有效缓解项目建设投资的资金压力。

八、文旅产品商业策划

(一)总体功能策划

围绕鳛国文化主线的五个站点各有特色,用多元化的景观和旅游产品,实现整条小火车线路奇、美、乐、幻、静,层层递进、精彩纷呈的旅游体验。

①跃龙庭:以"静"为根,设置样修馆、瀑布餐厅、健身步道,和自行车道配套连接,突出山中静养和时尚运动的主题。

②漫心谷:以"幻"为灵魂,设置西餐厅、艺术像馆、汽车剧场、VR影院等展现欧洲小镇的梦幻风情,给予当地居民和游客全新的体验。

③神兽湾:以"奇"为核心,通过鳛人服饰、古栈山歌、人遗雾深等,主体营造鳛国文化,呈现出古老鳛国神奇悠远的风光。

④集云芗:以"乐"为卖点,打造习酒风情街、草坪音乐公园等给予游客恬静式体验的乐享之所。

⑤金银海:以"美"为基调,通过水上水下餐厅、回国休闲区、精品民宿、萤火花镜表现湿地公园清水之美。

（二）各业态建设内容列表

表8　业态建设

	中心站	湿地公园东站	湿地公园西站	环北站	菁山公园站	全程
餐饮（吃）	体验式特产销售	亲水餐厅	习酒风情街	西餐厅配套生活服务	瀑布餐厅及水幕电影	
住宿（住）	自驾车生态营地	精品民宿	青年旅社		精品禅修酒店	
文化体验（游）	古栈山歌	养生会所	音乐露营公园	汽车剧场	山林茶舍	林中栈道 森林自行车场地
交通（行）	景点服务区	文化体验游览		欧洲小镇	运动主题	
购物（购）	户外大本营 体验式特产销售					
娱乐（娱）		田园休闲 滨水休闲带	音乐露营公园	艺术像馆 室内影院 现代时尚青年娱乐集中地	树上探险乐园	

九、旅游线路策划

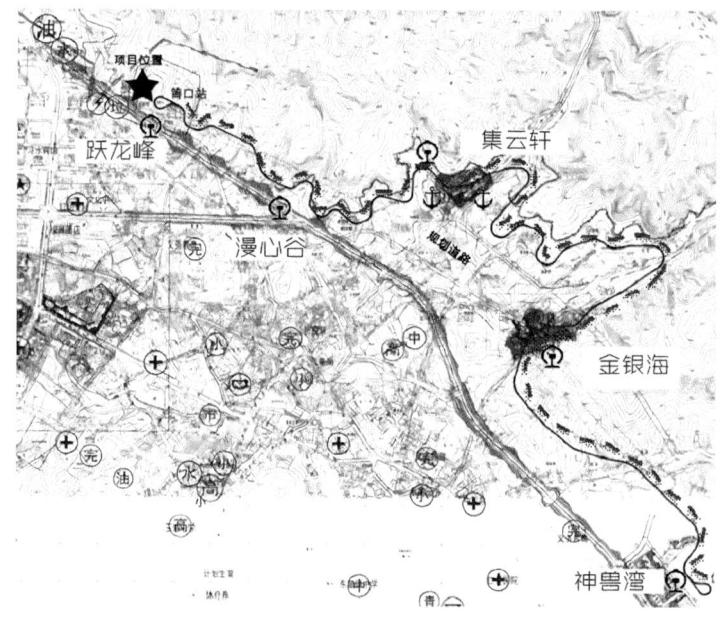

图55　小火车设站及路线

图 56　白天游线：鳛部鳛国千年文化之旅

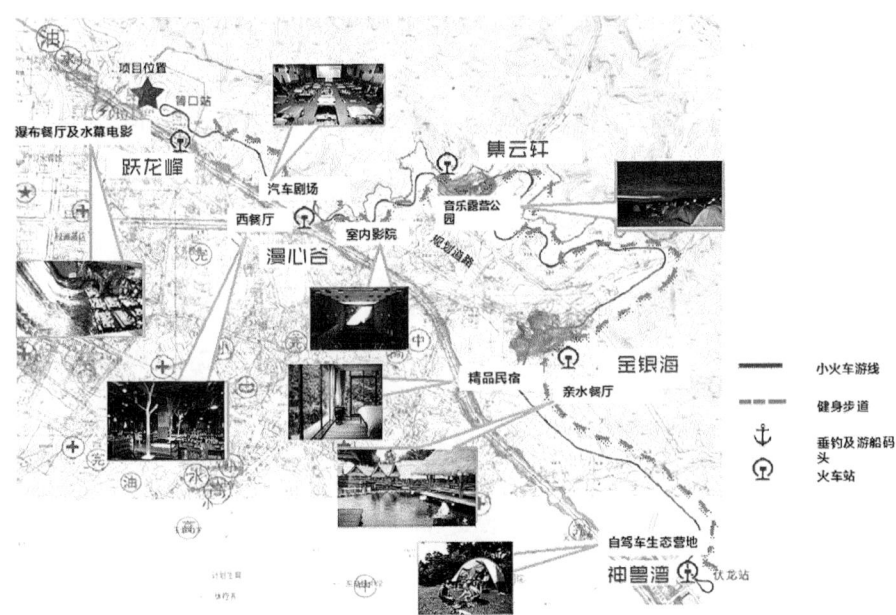

图 57　夜间游线：梦幻鳛国奇幻森林之旅

十、分站点经营项目

（一）神兽吉祥文化体验区经营项目——吉祥门（游客中心站）

1. 户外大本营

①功能定位：探险娱乐、户外运动基地。

②规划思路：以任家沟为中心，配合游客中心站附近地形铺设步行漫道并在任家沟设置生态营地，在保护环境现状的同时实现人与自然风光近距离接触的游览体验。帐篷营地围绕任家沟田园风光设置，为游客提供休憩、休闲的场地，可供人们野餐、喝茶聊天、户外游戏拓展等。

③经营项目：提供户外活动装备销售、出租服务，如登山服、速干衣、登山包等；针对户外拓展游戏，为游客提供活动教练以保证活动过程中的安全；在任家沟附近设置少量营地帐篷，以出租方式为游客提供住宿服务；设置食品销售点，为户外运动爱好者提供运动能量型食品，为观光型游客提供休闲食品；在任家沟地区设立野餐点，提供野餐装备及服务。

2. 自驾车生态营地

①功能定位：自驾车营地、户外露营区。

②规划思路：随着私家车的保有量提升，自驾户外游的需求越来越大，在任家沟附近坡地上发展自驾车、木屋及帐篷营地功能区，配套餐饮、露营的功能来服务来此的自驾游游客。

③经营项目：停车场、洗车场、加油站、车辆维修保养点、营地配套小卖部等。

3. 景点服务

①功能定位：小火车项目运营、监控基地。

②规划思路：设置游客服务区，培养一批专业管理人员进行景点管理和服务，为游客提供基础的小火车沿线景点概括介绍、售票服务，并负责小火车运营维护。

③经营项目：小火车的票务销售；迎宾大厅：包含景点介绍、鳛国文化概览；小型鳛国文化博物馆，在目前游客中心站规划中占二楼约半层面积负责小火车运营维护的保养站。

4. 特产销售

①功能定位：特产购物体验。

②规划思路：旅游点的购物需要区别于都市购物或商场购物，千店一面的现象在许多景区大量存在。品牌缺乏、商品无特色、质量不稳定、价格高、服务无特色或冷面服务等现象非常普遍。因此在旅游购物中最为重要的环节就是突出当地特色。建设当地特产体验店，以体验带动销售，更加强调顾客体验，感受产品价值，使顾客在参与中自发地产生购买行为甚至多次购买，最大化地提升销售业绩。

③经营项目：以体验带销售，开设土特产餐厅兼土特产销售店。让游客品尝认可后再购买土特产，这样游客购买的转化率会大大提高。提供习酒、习羊等特色产品的销售点。主要针对短期停留客群，注重产品习文化特色包装的打造，例如，将鳛国历史文化或鳛鱼标志作为LOGO进行一系列旅游产品的开发，服务人员穿着鳛国特色服装，店铺方面并不需要太过奢华的装修，突出鳛国文化符号，突出农家风情，店面本身做到干净整洁即可。

（二）鳛部生活体验区经营项目——鳛部门站（湿地公园东站）

1. 养生会所

①功能定位：避暑养生、休闲水疗服务基地。

②规划思路：借鉴"Long Stay"（常驻性）休闲度假模式理念，融入放松娱乐的服务产品，利用游客结合居民主要客群开发模式进行开发。以湿地公园为依托，建设精品近水服务设施，提供专业放松服务。同时配套养生餐饮业，游客在体验后，可根据专业指导体验养生食品。在环境上让游客充分远离城市喧嚣生活，体验人与自然之间的和谐，在服务上帮助游客身心彻底放松。

③经营项目：以养生为主题，打造一系列健康养生服务。水疗SPA，由专业美疗师、水、光线、芳香精油、音乐等多个元素组合而成，舒缓减压，可分为露天场所和室内场所；瑜伽训练场，配套专业瑜伽老师的指导，为游客提供健康精致的休闲服务；设置养生食品馆，提供养生花草茶等的销售。

2. 亲水餐厅（水上部分）

①功能定位：餐饮休憩。

②规划思路（水上部分）：在养生会所周边设置亲水餐厅，形成消费动线，让游客们在休闲水疗后体验习水的特色饮食、品尝著名的习酒，得到很好的休息。亲水餐厅可分为水上餐厅和水下餐厅两种。设立习水特色风格餐厅，拉动餐饮营业消费和物业销售、出租等收入。餐厅贴近消费者消费需求，同时也能满足当地居民周末或节假日的娱乐放松需求；设立一些平价但环境较好，远离城市喧嚣回归自然本身的消费场所，形成稳定长期消费。

③规划思路（水下部分）：建议可从目前已排空的湿地公园湖底开始建设，不需建设水底架空层，而是在排空水的地区直接开始建设密闭性好的水下餐厅。游客在餐厅用餐的同时可以通过天花板上的玻璃观赏到周围水景，与他们日常餐厅消费差异十分明显，这类型餐厅结合了刚性的餐饮需求与休闲需求，对于游客的吸引力也很大。湖底的温度将明

显比陆地要低很多，可以起到自然降温、无须空调的效果，运营成本也能因此减少。这类餐厅可以与养生会所结合起来，在水上部分建设养生馆，水下部分打造成餐厅。

④水上餐厅：水上餐厅部分可以采用更具民族风格的建筑形式，如吊脚楼风格餐厅，依水而建，让游客深度体验到习水的特色风格。

3. 田园休闲

①功能定位：以垂钓为主的农家休闲服务基地。

②规划思路：以鳛国文化为主题，以湿地公园水资源及绿色文化为核心，以垂钓运动为主体，结合本站地形及园林式的自然设计，幽雅、安静、写意，突出现代人对时尚休闲与健康的全新追求。以大型室外垂钓、特色鱼类餐饮、特色种植养殖园、棋牌健身休闲中心为经营模式的集娱乐、休闲垂钓、商务运营于一身的休闲运动基地。

③经营项目：提供垂钓装备、鱼饵销售以及渔具出租服务；设置鲜鱼特色餐厅，结合当地饮食习惯可以设置烤鱼餐厅等；垂钓地旁可以设置棋牌类休闲室，提供棋牌室等休闲活动场所出租、经营服务等；设立田间大水车、水上小木船以及鳛国人渔猎的陶艺景观点，体现鳛国特色文化。

4. 精品民宿

①功能定位：中高端酒店住宿。

②规划思路：利用当前已经建设完成的少量民宿，强化突出当地居民日常居住场所特色，打造外观简朴、内部精装修的民宿区域。由于这里离湿地公园距离较近，人为开发少，风景贴近自然本身，因此这里的民宿可以建设成为以贴近自然为主题的住宿场所。例如，采用以落地窗为主的房间，尽可能减少游客与自然的隔阂，让游客在回归自然的过程中，本能地放松自我，疏解压力。

③经营项目：本区域主要针对中高端民宿市场，本地居民不会选择在此居住，但外来游客多会选择这种特点性强的住宿区域，此外少量避暑游客将愿意居住在这里。因此可以提供单人间、标间、三人间等房间，日均消费定位在200~500元。建设少量帐篷酒店，打造现代化野外露营地，为游客提供不同选择。这类帐篷酒店目标市场多为高端消费市场，以全家住宿为主，日均消费可定为在400~1200元。

5.滨水休闲带

①功能定位：游客和当地居民共用的日常休闲场所。

②规划思路：滨水场景更能贴近消费者回归自然的消费需求，同时休闲消费也能满足当地居民周末或节假日的娱乐放松需求，设立一些平价但环境较好，远离城市喧嚣回归自然本身的消费场所，形成稳定长期消费。

③经营项目：设置叠水景观、滨水咖啡厅、近水书屋等针对中等消费层次群体的休闲场所，为游客以及本地居民提供日常休闲区域；建设亲水步道、花径等步行场所，打造可散步放松，又具备一定健身功能的场所。

（三）鳛部绿色生活体验区经营项目——九圣门（湿地西站）

1.习酒风情街

①功能定位：特色餐饮、购物体验。

②规划思路：通过设置民俗风情街项目，集餐饮、购物服务于一身，小火车停站设置专门的习酒品尝活动，为游客提供一个可以体味的场所，使游客充分体验当地风土人情。

整合习水特色美食和土特产，如习羊、习鱼、习酒等当地美食，建设鳛国文化介绍与体验的完整产业链，销售带有鳛国文化符号的旅游纪念品和旅游商品，拉近游客与鳛国古文化的距离。

风情街主要针对避暑游客和非暑期外来游客，本地居民基本不会前往消费。因此需要打造中端消费市场，让所有游客都有消费的能力，产品销售应注重鳛国文化符号，并利用知名度高的习酒等产品，激发游客的消费欲望。

③经营项目：习酒风情街需要注重游客体验，利用体验带动销售。设置丰富的习酒品尝、习女献酒、酒歌会等活动。占地不需要很大，但应建设成迂回路线，放慢游客在此的脚步，为游客打造以酒为主的丰富的习酒文化体验与餐饮销售场所。此处可布置较多商业业态，并以此带动所建商业店面的销售，减缓投资压力。

2. 音乐露营公园

①功能定位：集景区、娱乐、野外、服务于一身，主要面向年轻人聚集的综合性音乐娱乐场所。

②规划思路：以音乐节观演为核心体验，对当地的形象、文化升级、产业配套等起到拉动作用，设置包括但不限于音乐演出、音乐节露营、酒吧、餐饮等服务，并配套景区酒店、购物等多种旅游资源。

③经营项目：引进一到两家知名的音乐节，通过聘请一线明星，吸引大量音乐爱好者，同时可以提高习水知名度；配套相关餐饮销售业，为参加音乐节的游客提供休闲食品的销售；建设音乐节相关产品销售点，如文化衫、荧光棒等；建设野外露营点，为户外运动爱好者提供露营地区及配套生活用品补给。

3. 青年旅社

①功能定位：平价住宿场所。

②规划思路：以背包客、自助游者及音乐节观众为主体，在音乐节场所周边沿水设立少量青年旅社。受众主要是学生和年轻人，消费水平不高。另外，音乐节结束期间，均可作为观众就近住宿的安排。

③经营项目：建设不同个性化风格的青年旅社，以平价住宿吸引音乐节上的年轻游客；此外，由于这类住宿价格普遍不高，背包客、自助游者和部分当地居民，较晚的情况下也很有可能选择住在这里。

（四）极限梦幻漫心体验区经营项目——逍遥门（环北站）

1. 西餐厅

①功能定位：习水县标志性的品牌西餐厅。

②规划思路：习水县老城与新城对于异域文化和欧式小镇这样的商业形态很少涉及，缺乏口味正宗的西式餐饮，环北站以欧式小镇为特色，所以西餐厅与环北站的整体风格相适应，并把西餐厅建设为当地标志性的品牌西餐厅。

③经营项目：一家规模档次较高的品牌西餐厅，店铺的装修全部采用欧式风格，但要结合当前已经建好的建筑形态和外立面装饰。西餐厅具有相对较大的规模，面积在500~1000平方米。引进专业的西餐运营团队，提供口味正宗的西餐美食。

2. 艺术像馆

①功能定位：作为一个全程和定点均可的综合性艺术拍摄服务机构。

②规划思路：由于整体景区采取购买门票的方式游玩，所以可以实现整体拍摄、跟随拍摄、随机拍摄。环北站定位于本地居民服务，由于本地没有成形的高档艺术像馆，所以将艺术像馆打造成既为游客服务，又服务于本地居民的高端拍摄机构，定位为高端的、综合性的影楼。

③经营项目：提供人像摄影、婚纱摄影、艺术摄影；提供婚纱摄影一条龙服务，可以与整个小火车旅行相结合，为游客提供小火车专列、专车和沿途风光拍摄等。

3. 室内影院

①功能定位：为当地居民和部分游客服务的小型数字化影院。

②规划思路：影院同时为本地居民、游客服务，引进国内二线的影院品牌，如大地影院、保利万和影院等，成为县城居民集中观影的影院。

③经营项目：品牌数字影院，大概 2 到 4 个厅；主要为县城居民服务，拥有长期较稳定客源。

4. 青年时尚娱乐基地

①功能定位：为年轻人提供各种时尚的娱乐活动，面向本地居民和部分游客。

②规划思路：吸引青少年来旅游消费，为他们提供与大城市接近的多样化的时尚娱乐项目，包括密室逃脱、Cosplay、3D 影像、游戏室等设备，为青少年提供专属的娱乐项目。

③经营项目：提供各种主题的密室逃脱，如盗墓笔记、三国杀，或者鳛国特色文化为主题。开展动漫影展、Cosplay 等特色活动，提供服装出租、桌游馆、游戏室、网吧等。

5. 汽车剧场

①功能定位：遵义市及黔北地区唯一一个景区汽车剧场。

②规划思路：将环北站周边地块有效利用起来，与环北站和部分自驾游客的需求相结合，满足本地居民和部分自驾游客的停车需求，主要功能为停车场兼汽车影院。白天主要作为停车场，夜间作为汽车影院。

③兼顾土地开发：汽车剧场的占地可以实现土地低成本的有效利用和储备，待未来县城进一步发展开发，出售部分地块有利于快速大量回收资金。

6.配套生活服务

①功能定位：面向县城居民的新兴配套生活服务。

②规划思路：让配套的欧式风情服务尽量全面，使游客和当地居民可以常来，形成一个当地人聚集的常态商圈。

③经营项目：饰品店（包括饰品、美容护肤、精品、时尚箱包、日用品五大系列）；冷饮店（店里主要经营各种饮品：手工酸奶、冰激凌、奶茶、双皮奶、烧仙草、沙冰、奶昔、刨冰、鲜榨）；甜品店（满记甜品、许留山、鲜芋仙等著名甜品店入驻，为顾客提供丰富的甜品）；服装店（主要销售鳄国特色服装，向游客们展示鳄国的文化服饰）。

（五）健身慢养体验区经营项目——宏愿门站（箐山站）

1.山林茶舍

①功能定位：集休闲养生、高端商务洽谈于一身的功能区域。

②规划思路：位于箐山公园站，隐匿于竹林翠山之中，以竹建房，融于绿谷，最大限度地接近自然。以传统的高山茶为主，与三五好友相聚品茶赏景，极具古风。散落的茶舍以竹林高架木栈道相连，游客可在竹林的半空中漫步。

③经营项目：不同茶产品销售服务，让游客在青山绿水间品茶、静心，感受大自然；利用山林间空旷安静的地区，为消费者提供安静清凉的交谈场所。茶舍远离市区，有非常好的私密性，可以成为县城现阶段所缺乏的高端私密商务洽谈场所。

2.树上探险乐园

①功能定位：户外拓展、山林游戏、真人CS场景。

②规划思路：利用本站山地资源，开发树上探险活动，以林间游戏的形式增强人对自然的适应能力和团队协作意识。

③经营项目：树上探险活动——设立活动指示牌，标示操作方法、推荐的活动姿势和活动难度系数等。整个树上探险活动从易到难分为四个等级，个人可以根据自己的情况来选择不同等级的活动。真人 CS 场景——针对年轻人建设，活动设置门票销售，提供活动装备出租服务。教练培训服务——指导高难度项目、团队项目，提供专业教练指导。

3. 精品禅修酒店

①功能定位：高端休闲、特色体验、养生修禅、住宿服务等功能。

②规划思路：在水域沿线，建设"林间小筑"，这些或悬架在溪水之上，或错落在树林中间的草房木舍，是超高端的野奢休憩屋，是让所有都市人神往的居所。

③经营项目：提供林间修禅的道场，并配有一定水平的禅修老师指导有需求的消费者；建设亲近自然、养生静气的禅修场所；在禅修地区附近建设精品酒店，在空间上毗邻，可以通过林间步道方式直达；酒店提供个性化养生服务，例如，根据不同需求提供茶道、精油 SPA 等场所。

4. 瀑布餐厅及水幕电影

①功能定位：瀑布动感体验、别样的餐饮之旅。

②规划思路：利用箐山站附近的坦然山道建设人造瀑布，并设置瀑布餐厅。瀑布餐厅的桌椅工具全部放在瀑布之下，周边古树作为餐厅的天然屋顶。饮食以简易的当地传统特色饮食为主，就近取材而且是露天烹饪，工作人员着当地服饰，使游客在饱尝绿色美味的同时欣赏当地的特色文化，在流水中一边欣赏大自然的景色一边品味特色传统美食。

③经营项目：瀑布餐厅——设置简易餐饮休闲设施，由于瀑布对消费者进餐环境的限制，因此主要销售一些简单、易操作的烧烤类食品。水幕电影——人造瀑布白天可以为游客提供极具冲击性的视觉体验，享

受与他们日常生活差异性明显的自然景观。夜间可以利用灯光效果打造水幕电影，介绍鳛国文化和习酒文化，拉近游客与习水本地的距离，为游客建立归属感。

（六）全程项目设置

1.林中栈道

①功能定位：山林漫步和徒步休闲运动。

②规划思路：依托小火车沿线建设全程的漫步栈道，为喜爱户外运动的游客提供全程的步行游览。游步道在适合地段设置观景、亲水平台，提供游人林中休息、停留的场所，并且每一站点都设置可以让这类游客上下车的地方。

2.森林自行车场地

①功能定位：户外自行车越野运动体验。

②规划思路：以掀起崇尚健康运动、实现挑战自我为目标，借助该项目向游客宣传自行车文化，节约资源，增强游客的环保意识，并培养安全骑行意识，倡导健康、文明的生活方式。自行车线路可以沿步行道旁设置全程线，同时在特定区域打造自行车障碍场地，并分为简单、中等、困难等不同等级的障碍装置，为游客以及专业自行车爱好者提供不同选择。自行车道根据地形条件，主要设置在游客中心站到环北站之间。

③经营项目：除箐山公园站外，在4个站点均设置自行车租赁服务；障碍自行车装备的租赁与销售；提供专业教练指导与保护。

3.森林隧道观光

①功能定位：游客观光和摄影体验。

②规划思路：美化提升小火车的隧道，在火车经过隧道时，利用灯

光效果、人造彩虹等景观，打造独特的视觉效果，形成吸引各类游客的观光点和摄影点。

4. 采摘园

①功能定位：自助采摘，体验农家风情，享受绿色生态果蔬。

②规划思路：在小火车沿线周边选取一两块较平缓、可集中种植的地块，种植多种水果。开展林地租赁、树木认养、自助种植与采摘等农事活动。游客通过自助采摘，体会到田园式生活的特点。同时，采摘园内提供的均为绿色有机的健康食品，体现了健康环保的理念。

5. 玻璃栈道及观光平台

①功能定位：特色观光游览。

②规划思路：在火车沿线选择近处科道到的悬崖或崖壁修建玻璃栈道。栈道主体采用钢化玻璃，游客可透过玻璃看到美丽风景，拍照留念，同时给游客带来视觉上的震撼。在沿线，特别是箐山公园站附近，如有落差足够高的山崖平台，可设置透明的玻璃观景台，平台外观造型材质和色彩充分与周围环境融合，通过平台将海拔的优势最大化地体现，让游客饱览大自然的极致美景以及从高处欣赏体验到森林的灵动美感。

(七) 旅游商品建议

鳕鱼 LOGO

建议以鳕鱼为当地 IP，通过水墨白描等中国风浓郁的方式设计鳕鱼 LOGO，根据这个主题开发周边一系列服装、食品、纪念品、生活用品等旅游商品。

十一、项目招商、营销和运营策划总体建议

（一）项目招商、营销和运营策划总论

火车项目的招商、营销和运营三部分是相辅相成、密不可分的。但三者在实施的持续性上有差异，各阶段工作重点有所侧重。其中招商和运营活动在时间性上有一定的承接关系。

项目前期以招商为主，主要目标是各类商家，通过优惠的招商政策、客观的项目预期等，吸引大量商家入驻。项目后期以运营为主，针对已入驻商家、游客旅游线路等进行管理和提升。

营销活动则是在项目全程持续性进行，其目的主要是宣传习水及小火车项目、建立品牌、增强小火车影响力并形成美誉度，营销活动的对象包括游客、旅行社、文化传播公司等，景区应分阶段、通过不同的整合营销手段，不断吸引游客。

（二）招商策略

1. 精确化、差异化的定位

精确化、差异化的定位是习水景区在其他多个景区招商中脱颖而出的关键。小火车项目的客源目标不仅仅限于外来游客，还有大量本地居民，因此在招商时，需要兼顾好这两类消费群体，根据他们不同的消费习惯进行全面合理的招商。

在"鳛国文化"的核心主题之下，根据各站点的具体定位和游客需求分析，确定以餐饮、休闲、娱乐为核心，以各站点主要设置活动为主体，而衍生出的"吃住行游购娱"不同方面的需求。

2. 契合各站点主题，形成主题风格

项目景区的开发与运营要始终坚持"人性化、多元化、不重复业态

组合"的理念。在招商业态组合方面，按照报告前面部分的"产策划"和"站点经营项目设置"对口精准招商，使得所招的各类商家入驻以后符合各站点主题商业布置。

3.先确定主力店，再全面招商

考虑到主力店、次主力店、品牌连锁店及其他品牌招商的不同特点，在招商计划实施时，应按照"先确定主力店，再全面招商"的基本策略。在执行过程中，各站点的主要运营项目要提前招商，其招商对象是影响力大、具有一定客户资源、运营经验丰富的品牌公司，其他配备的相关消费随后跟进。

将主力商店引入景区，需按各站点业态布局与对应站点主题相结合，快速形成商业氛围，吸引游客人群聚集。当主力店招商成功，其建设、运营步入正轨后，可利用这类商店的广泛影响力和知名度，吸引更多中小型商家的入驻，打造全面完整的招商链。

4.为商户量身定做开店全面解决方案

小火车项目业主方的招商部门，要充分了解商户入驻前和入驻后的需求以及面临的问题，针对不同商户制订不同的解决方案。

例如，妥善安排好各租户的楼层位置、相互位置，使之相对成行成市、互惠共赢，而不是互相干扰、削弱；根据整体市场定位和业态组合，对进驻租户提出要求，并协助他们调整、提升和完善他们在习水景区新临的定位、档次和其他品质；对于中小型零售分站点进行统合，将相同的业态成规模地统一在一个区域，形成规模化经营，提高抗风险能力；对商业业态不一致，但有客源互补性的商家集中安置。

5.招商执行过程中采用"立体招商策略"

在招商执行过程中，招商部需实行全方位"立体招商策略"。围绕潜在招商对象集中的"商会、协会及其他高端组织"开展专项招商活动。积极派队参加各类高端会议、行业主题会议，持续提升项目在各相关商家群体中的关注度。

6. 建设专业化招商团队，有效外包部分服务功能

招商部门由平台公司统一建立，但应整合专业化人才加入招商团队，部分工作以外包方式，委托给专业的招商机构。利用专业化的招商工作方式，采取项目管理方法，按时序控制进度；根据业态布局和市场定位对商家精挑细选，重点吸收实力商和特色商来控制质量；对招商费用进行精打细算，并采取第 7 条所述措施对招商费用进行统一安排、科学分配。

7. 招商过程注重进度、质量、费用控制

业主方招商团队必须对招商全过程进行严格的监管控制，主要在招商进度、招商质量和招商费用三方面。①进度方面：严格按照招商时间表推进，并在各季度进行工作总结、进程把控，将招商任务指标和时间节点分解到人，定期检查督办。②质量方面：主要应考察商家质量水平，尤其是外包部分的招商工作，团队需要制定一份明细的招商质量评估表，对商家进行入驻考核，保证景区内的商家水平符合习水景区定位。③费用方面：要保障优秀招商人才的工资待遇和奖励，对于大客户招商和关系招商，费用安排上可以予以倾斜，但必须纳入招商预算管理，先申报再使用。同时对于费用要有使用明细说明。将招商成本指标分解到小组，部分可以分解到人。从而坚决避免招商、宣传费用的乱用和浪费。

（三）招商部门组织架构建议

在招商部门架构的建立上，遵循精英、精简原则。建议采用水平式组织架构，目的是实现人员最少、指挥执行系统简化、效率成果最大化，以节省招商费用，提高工作效率。招商人员结构分三个层级，最高

一级由总负责人管理，第二级分招商部和营销部，在第三级中，招商一部、二部、三部、四部统归招商部管理，营销团队则由营销部直接管理。

招商人员主要工作职责：

①招商一部主要负责餐饮类的招商工作；

②招商二部主要负责休闲、娱乐类的招商工作；

③招商三部主要负责住宿类的招商工作；

④招商四部主要负责综合类的招商工作；

⑤策划部主要负责招商的策划、媒体计划的制订执行、招商文案的策划撰写和设计。

通过明确各部门分工和工作职责，建立一系列的管理制度，做到有章可依、奖罚分明，既讲究个人贡献，又注重团队精神，从而形成一个有效的招商机制，并着力营造出积极而又人性化的管理氛围。

（四）主要招商途径和活动

1. 主要媒体宣传覆盖渠道

报纸广告、车载广播、电视、主流门户网站、旅游网站和APP移动端、户外广告等。

2. 主要招商活动（建设过程中关键性招商活动）

①项目招商发布会；②主要客源地开展项目推介洽谈会；③招商成果发布会暨主力店签约仪式；④专项项目推介会；⑤建筑节点庆典等。

3. 建设完成后招商方式

①通过行业协会、政府机构官方发布跟踪；②线上招商、线下跟进，电话联系、专项拜访等重点商户沟通；③在相关行业的商会召开招商项目说明会；④与旅游、文化、养生避暑等领域的协会组织联合举办主题

活动；⑤行业协会官方发布、主要客源地开展项目推介洽谈会等。

（五）政策优惠总体建议

由于本景区的打造是在习水县政府的平台公司进行，政府主导性强；同时也是全县的重点项目，投资较大，具有政策导向。因此，项目业主的平台公司应通过政府协调，出台针对项目的专享优惠政策。

按照"政府主导，市场运作，社会参与，行业自律"的原则实行小火车景点站点的所有权、管理权、经营权，三权适度分离，将景区逐步推向市场。主要的优惠政策建议包含以下四方面。①租金减免政策：前期免租或半价收租，等商家营业稳定后再开始正常收租。②特色项目税收优惠：县级政府根据商家建设进度，返还税收；主要分为直接优惠和间接优惠。直接优惠方式包括税收减免、优惠税率、再投资退税；间接优惠方式主要有税收扣除、加速折旧、准备金制度、税收抵免、盈亏相抵和延期纳税。③奖励政策：根据商家经营情况给予适当奖励。④补贴政策：通过部分项目外包或整体站点外包方式，在前期投资中给予适当补贴。

（六）景区营销工作总论

营销工作是贯穿景区开发工作全过程的一项持续性工作。在景区开发前期阶段，营销应与招商工作密切配合，通过高质量的招商成果，吸引广大游客来到习水旅游。在景区开发后期阶段，营销则需要与运营工作紧密结合，利用满足度高的游客体验，以及高水平的配套服务，提高习水景区重复旅游率和市场分流游客占比，形成长期而稳定的旅游客源。

营销工作的主要目的是对外宣传习水旅游景点，通过整合营销将风景区的特色、卖点宣传到全国各地，设计以游客为中心、以用户体验为导向的旅游产品和服务设计营销策略，最终在旅游市场上树立习水县和小火车项目的品牌。

（七）营销过程

在整个景区营销活动中，我们应基本遵循以上流程对习水小火车项目进行广泛宣传。首先挖掘景区的特色、卖点作为营销活动的重要宣传点。其次通过整合口碑、渠道、价格、广告、网络、延伸产品、人脉新闻、联合促销等不同形式构建整合营销体系，向游客介绍习水景区。最后以组合销售方式，线上线下同步推进，达到提高习水景区知名度的目的。

（八）习水营销卖点分析

在习水景区的营销过程中，特色卖点的挖掘应主要针对外来游客，对于本地居民，则主要通过项目本身建设特点和业态设置来吸引他们。

想要在各类风景名胜中脱颖而出，首先需要考虑深度挖掘和利用习水县当地独有的、不可复制的自然资源和文化资源。通过《山海经》中对鳛鱼的描述以及人们对鳛国文化的猎奇心理吸引游客游览习水。另外，在黔北地区森林公园避暑游当中，目前没有以小火车为景点或游览方式的景区，且小火车移站换景，景区风光随站点变化而变化的景区独特设置，将是吸引游客的重要卖点，因此习水小火车也是景区营销中独有的特色买点。将习水这一有文化、有品质的休闲避暑胜地和源远流长、口口相传的鳛国文化作为习水景区核心的特色卖点。

营销活动需要紧密围绕习水的核心卖点，重点推广以鳛国文化为底蕴、鳛鱼为文化载体和标志的景区内配备的特色演艺、习酒风情街、精品民宿等覆盖各类消费层次旅游业态设施和相关配套产品。

（九）景区营销方式：整合营销

习水景区作为一个非传统知名景区，想要在短期内迅速提高知名度，则应整合利用好各类可带来附加价值的传播手段，并将之结合，提供具有良好清晰度、连贯性的信息，使传播影响力最大化。主要的营销手段有：

①口碑网络：利用游客对于鳛国文化的猎奇心理和鳛鱼的故事演绎，形成习水独特深刻的文化内涵，让人们口口相传鳛鱼故事成为习水景区传播的一大力量；另外构筑一站一景的习水。小火车作为目前黔北地区独有的一项景区设置，将其发展成习水县风景区推广的焦点。

②广告营销：多利用官方和新闻报道的信息流来传播习水旅游形象，利用车载电台、宣传单、海报、户外广告牌等多种方式，全方位集中宣传习水景区，在短期内形成话题热度。

③人脉新闻：首先有计划地安排在四川东南部、重庆等地的报纸等媒体上发布景区信息，其次在全国范围内，以电视宣传片、旅游活动报道等形式，深化受众对景区的认同感、对习水旅游产品的理解力与信任度。

④旅游产品延伸：在开发习水景区时，需要注重鳛鱼、习酒、苕丝糖等旅游周边商品的同步开发，形成完整的具有习水品牌特色的旅游商品。

⑤联合促销：以多边组合方式实现景区促销，吸引广大游客。例如，通过政府促销和媒体促销结合的资源组合形式，由于本项目是以习水县政府企业为平台建设的当地大型旅游项目，县政府将利用好自有的宣传资源，以媒体平台的广泛宣传为主，政府部门对于宣传工作给予适当补贴，配合媒体平台做好习水景区的宣传工作。

⑥价格体系：由于小火车是一个以观光旅游为主，兼有公共交通功能的项目，因此在售票时可以提供游客单次票和年票充值卡等不同形式。小火车景区票含消费券，含小火车观光来回，含各景点参观券。消费券贴合鳛国文化设计，叠加在"习酒风情街""精品民宿"中使用享

受消费折扣和积分。夜间观景乘小火车维持统一价格，不含消费券。年票凭本县身份证和学生证申请，持证单人使用。适当时机推出"贵宾一卡通"。

⑦网络营销：利用如今发达的互联网渠道、旅游网站、APP 移动端和微博、微信、QQ 等社交媒体，大范围推广习水风景区。详见后页。

⑧公关推广：通过公关软文、事件营销、论坛营销、"病毒"传播等方式进行营销活动。集中性、多方式宣传、营销，在短期内提高习水景区相关话题热度，详见后页。

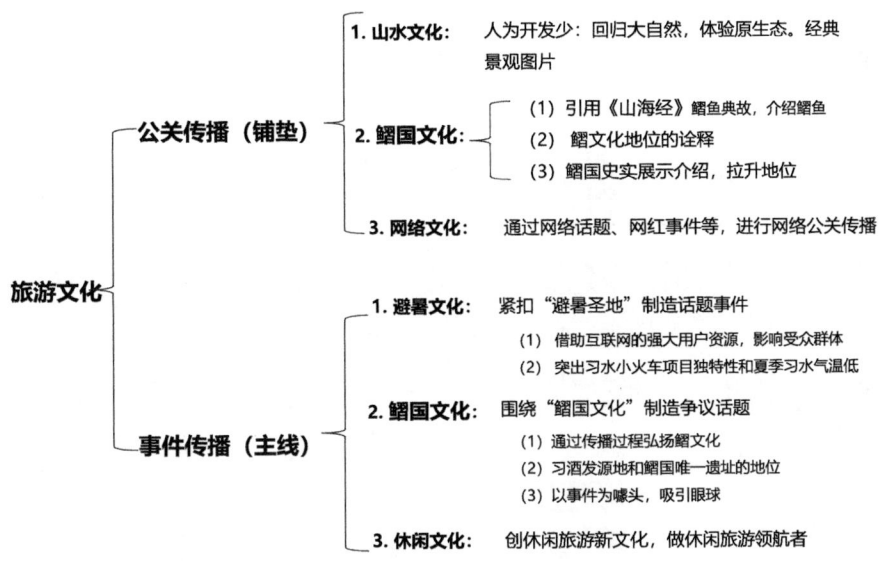

图 58　公关传播与事件营销策略解读

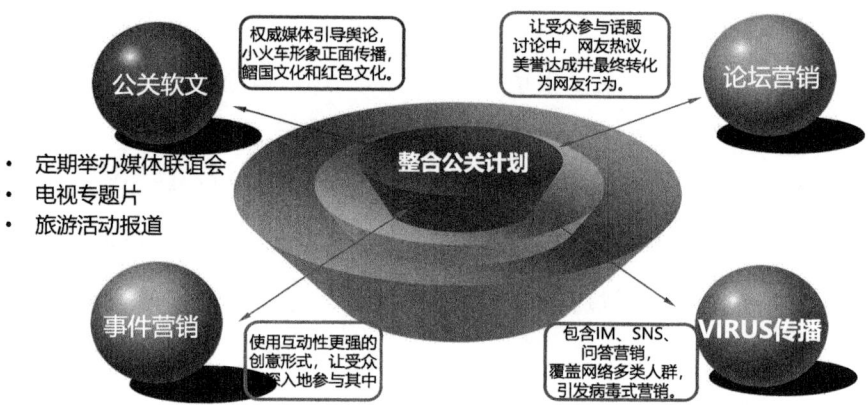

图 59　制订小火车项目全方位的公关推广计划

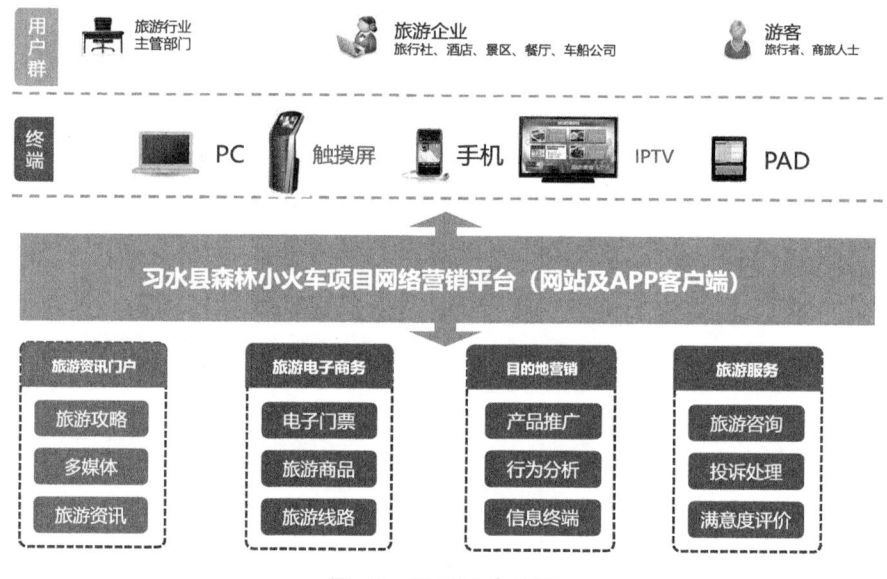

图 60　景区网络营销

（十）景区运营建议

1. 总论：运营的理念、方法和平台

运营的核心主要根据游客体验，对景区内已有的各项设施、服务进行持续改进，不断提升游客游览的满意度。对未来小火车项目景区的运营，主要建议为"一个理念、一套方法、一个平台"。一个理念指树立

智慧旅游的理念；一套方法指建立持续改进的运营管理方法；一个平台指建设景区运营管理综合信息平台。

完善的服务标准体系不仅可以促进标准的完整有序、优化组合，为游客提供完美的服务奠定良好的基础，而且可以使景区在努力争创服务品牌的同时，不断深化鳛国文化品牌的社会效应，以优质的服务拉动景区经济的增长。

2. 树立智慧旅游理念

与过往的风景区运营不同，在互联网技术普及的现阶段，景区运营必须首先构建智慧旅游的理念，以信息化和移动互联网服务为核心，为小火车景区商家提供运营管理服务。通过手机 APP 或微信客户端为游客提供全面的移动信息服务。

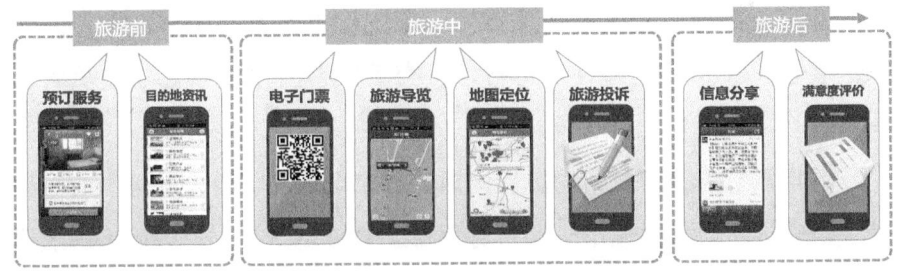

图 61　智慧旅游

3. 建立持续改进运营管理方法

持续改进是指在景区运营过程中，运用源自质量管理的"持续改进管理方法"，针对发现的问题和游客的反馈评价来不断改善设施布置和服务的一种理念，通过持续改进，使景区长期保持竞争力，不断吸引更多游客。

在景区的持续改进工作中，首先需要从游客反馈中获取当前服务、设施等的不足和改进意见，并且相关管理人员需要定期整理好有效、可行的反馈建议。其次针对目前景区的问题，管理人员需要提出解决方案或改善策略，以提高游客满意度。然后将具体改进措施纳入月度季度工作计划，并对负责执行的工作对应人员跟踪考核，使得方案更及时有效地落实到景区改善工作中。最后需要记录游客对于改善过后的体验和反馈。并以此重复步骤不断循环、逐步提升。

（1）运营管理与改进一：了解需求和评价

①景区市场部的促销人员向参观景区的游客开展游客综合问卷调查、专题性问卷调查及旅游团队问卷调查，必要时可在景区外开展类似的调查活动，了解潜在游客的新需求。

②调查问卷回收后及时进行统计分析，调查游客满意度和游客对景区现有服务及景区硬件设施的意见，由景区办公室转各相关部门迅速整改。

③了解游客对景区服务及硬件设施的建议，尤其是对新项目的建议，要认真分析其合理性、可行性，交景区办公室呈景区主要负责人参考。

④市场部应及时收集国际、国内旅游市场信息，行业政策和有关法律、法规，了解知名旅游景区及竞争对手的最新动态，整理后汇编成册报景区有关负责人参考。

（2）运营管理和改进二：改善景区服务

①景区需要根据游客问题的反馈和对景区的期望，进行归纳梳理和总结，分析提取出景区目前存在的问题和改进的方向，并按季度周期性地形成改进报告，同时将这份报告纳入季度工作计划、建设计划和管理制度三个部分。

②纳入工作计划的主要目的是将任务分配到人，保证改良方案的正常进行和监控管理，使得游客的反馈真正有效地落实到景区下阶段的工作当中。

③建设计划针对游客对于景区硬件设置的反馈，对于游客认为不合理的设施项目和使用便捷度低的设计，进行有计划的整改，并对整改过程中的资金使用情况进行监控。

④管理制度是为了让这些改良反馈进一步落实，通过对改造的监管监控，保证游客建议的实施。有专人对改善工作进程负责，并对已完成的改善设施、服务进行管理和后续使用过程的控制。

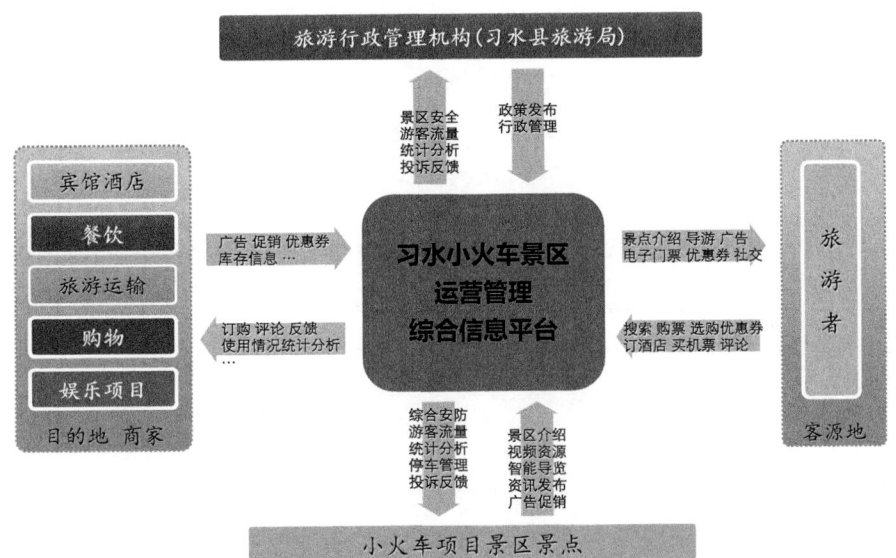

图 62　景区运营管理综合信息平台

（十一）项目经营建议

1. 项目景区服务

①问讯、引导服务：问讯处应备有当地的小火车游览旅游地图、习水县城地图等，以方便游客查询。

②票务服务：小火车票务服务应针对本地居民和外地游客推出不同售票方案。本地居民对小火车的使用频次高、单价低，建议推出月票、年票、充值卡等形式，将小火车趋于公交化。外地游客单次售票，价格则较高，建议均以套票配优惠券的形式进行销售。套票指包含了景区活动的全程票，优惠券指在景区内部分刚性消费地给予一定折扣。例如，购买套票后赠送三张民宿折扣券或是在指定餐厅用餐赠送免费饮料、水果等。

③饮水点服务：景区内应为游客提供多处不同高度的饮水点，方便游客饮水。

④亲子服务点：景区内应设置多个亲子服务站，为带有婴幼儿的游客提供尿布、婴儿车、奶粉冲泡等服务。

⑤医疗急救服务：医护人员均需持执业资格证上岗，负责景区内医疗保障工作。

⑥设置景区触屏系统：触屏机提供地图和 GPS 定位功能，实时显示游客当前所在位置，以及目的地搜索和路线规划功能。

⑦设置充电亭和共享充电宝等。

2. 环境卫生管理

①卫生间管理：公共卫生间设专人定时清洁管理，其主要内容是卫生间的跟踪清扫、为游客提供必要的服务、设备的保养维护申报等。

②公共场所卫生管理：环卫人员实行分片包干，按景区卫生管理规定进行清扫。垃圾箱的垃圾袋应随满随换，每日清理，定点堆放。

3. 安全管理

①游览秩序维护和日常安保：安全部门实行昼夜定岗巡查制度，景区内部实行全程无死角监控，24 小时负责游览秩序的维护和日常安全保卫工作。

②消防安全：消防工作应实行"预防为主，防消结合"的方针，特别是林区防火工作，做到层层负责，形成整体的、全方位的防火网络。

③事故处理：以人为本，救援第一。在处理旅游安全事故中以保障旅游者生命安全为根本目的，尽一切可能为旅游者提供救援、救助，最大限度减少旅游安全事故造成的旅游者伤亡；不断改进和完善应急救援设施和手段，切实加强应急救援人员的安全防护。

4. 特殊游客服务

主要针对残障人士和带有婴幼儿的游客，体现了景区的人文关怀、人性化的理念。这类游客往往需要特殊的人员或设施的配备，特殊游客服务完善与否是国内与国外景区差距尤为明显之处。当前国内大部分景区很少意识到这类游客的需求和旅游便捷度，因此建议在小火车项目建设过程中充分考虑特殊游客，为他们同样提供完善贴心的服务。

5. 其他服务

①寻人服务。

②预约票务服务。

③行李寄存管理服务。

④全程无线接入和网络引导服务。

（十二）优惠方式

1. 强化政策性投入（政府奖励）

①对固定资产投资在 2000 万元以上的规模旅游企业项目，实行"税收先征后返"，即从旅游企业投产或经营三日起缴纳的增值税、营业税收入中属本级地方财政留成部分，按 50% 比例连续三年返还给旅游企业；所得税按"两全返三半返"的方式执行，即头两年全征全返，后三年返还 50%，土地使用税中属县本级部分执行全征全返。所有税

收返还部分必须用于旅游企业扩大经营。

②对景区内四星级、五星级饭店自获得批文后，首次取得星级的有效期内，所缴纳的企业所得税县财政分别按县得部分 10%、40% 奖励给企业，企业自本政策发文三日起享受至星级有效期满（一事一议企业，已享受土地优惠政策的除外）。

③在习水小火车投资旅游商品的相关企业，产品创省著名商标和省名牌产品的一次性奖励 3 万元，创国家驰名商标和中国名牌产品的一次性奖励 5 万元（县原有的政策不重复奖励）。

④创国家百强旅行社、AAAA 级景区、五星级酒店及其以上的一次性奖励 20 万元，创国家 AAA 级景区、四星级酒店、四星级农家乐、国家工农业旅游示范点的（酒店奖励范围：五星级前 2 家、四星级前 3 家，农家乐前 2 家），一次性奖励 2 万元。

⑤组织入境旅游 10 人以上团队且在习水县旅游 2 日以上的旅行社给予每人 60 元补贴，以旅行社行程单和确认函为依据。

2. 用地政策

①保障用地供给，旅游项目开发用地，在年度土地利用计划和城乡土地利用总体规划中，优先安排旅游开发建设用地。

②凡在习水景区新办的投资旅游相关企业，对固定投资 500 万元以上，利用山林、旱土等进行旅游景区整体开发的项目，县政府按项目用地开发情况给予适当奖励。景区内需改变用地性质的建设用地，属公益性建设用地的，在依法立项、报批后，实行成本价转让，即以用于征地、拆迁、报批等所需成本作为转让地价；属经营性建设用地的，应依法进行招、拍、挂等相关程序办理手续，按照景区开发的成熟程度对景区开发商进行地价返还。具体规定为在景区启动开发的第一至三年转让土地的，按除去用于征地、拆迁、报批等成本部分的 100% 予以奖励；

在景区启动开发第三至五年转让土地的，按除去成本部分的 80% 予以奖励；在景区启动开发超过五年转让土地的，按除去成本部分的 50% 予以奖励。奖励资金原则上用于景区基础建设和促销宣传等。景区启动开发八年后，取消景区开发商的土地转让地价奖励。开发商在依法取得土地使用权后，必须在一年内动工建设，逾期未开工的，由国土部门依法收回土地使用权。属使用集体土地的项目，享受国有土地用地的相关优惠政策。

3. 用工优惠

①劳动保障、人事部门为在习水县实际投资 2000 万元以上的旅游相关企业，发布用工信息，办理用工手续，在大型招聘会上免费提供招聘席位，实际投资亿元以上的重大旅游项目可免费帮助企业召开用工专场招聘会。

②劳动保障部门为在习水景区投资 2000 万元以上的旅游相关企业提供员工岗前培训场地和培训设施，由企业或校方进行定单式、定向式培训。

4. 加大对旅游企业的扶持力度

①新建规模旅游企业须缴纳的本级行政事业性收费和伴随行政性服务费一律免交（污水处理费除外）。

②投资在 5000 万元以上的旅游重点项目，政府优先配套该景区的旅游基础设施项目，包括进入景区的外部道路、电力、供水、排污、邮电等。

③旅游星级饭店的用水、电、气实行与工业企业同等价格，水电价格因政策调整实行听证制。

④允许已立项的旅游企业以其项目名义，积极向上争取国家专项资金、国债资金、贴息贷款资金并用于该项目建设。

案例三：永川稻草人世界方案设计

案例背景：

今天，乡村旅游同质化严重，旅游内容平淡无奇，旅游本是为寻找惊喜，却从未惊喜，彼此陪着，从不知谁是旅途的主题。休闲、旅游已失去了它本来的意义，沦落为相互将就在景点之间的不断奔袭，我们究竟应当到哪里去找寻我们内心的期待与惊喜？"文化助推乡村振兴、奇观重塑地区影响"是为本项目之灵魂，以"稻草人世界"项目为载体，打造一人一梦系列艺术、文化、创意、教育产业聚落。

一、项目策划

（一）项目愿景

家乡稻田一望无际看不到边，它是我们美丽的童年，是绿色的希望，稻田景观不应该只是记忆，对曾经在稻田中嬉笑打闹的场景重现勾起了我们对这片稻田的向往，稻田为我们提供了一个开阔的场地和无限遐想的天地，充分利用场地内及周边资源，打造一个稻草的童话世界，实现每个大人、孩子、老人心中的梦想，在稻田之间体验参与的全过程，开启人们对乡土大地和对大自然的热爱与向往。从一人一梦，直击心底，并从形式到业态满足全龄需求。

第四章 非物质文化遗产与文旅融合案例

图 63 稻田景观

(二) 项目定位

在稻草的童话世界中，将分别打造稻草巨人谷、稻草故事会、模拟人生、爱情海四个主题，形成"奇观""奇闻""奇遇""奇缘"之景。

稻草巨人谷所展示的稻草迷宫、巨人的烤鱼宴、巨人村的炊烟、七十二变、自然感恩季等"奇观"，在巨大的空间尺度之下，把人们带入另一个奇妙世界，巨人世界与微缩景观，大与小的对比，创造强有力的视觉冲击；稻草故事会以草船借箭、桃园结义、三顾茅庐、赤壁之战、诸葛工坊等三国故事串联，生动的故事情节，艺术化的场景设计，以"奇闻"故事再一次将人们带到古时战场，人们可以摇身一变成为其中的某个角色，深度参与由故事构架的情景现场；模拟人生将为人们提供通向过去和未来的"奇遇"，年长之人可以重返青春，进入时光邮局，与过去的自己对话，年少之人则可以怀揣梦想，乘着时光机去探索一段奇妙的未来之旅；爱情是人间最美好的情感，人们对爱情的迷恋也从未停止过，爱情海将以爱为主题，稻田婚纱摄影、婚庆花园、草坪婚礼、许愿树等场景，将为那些怀有美好爱情愿望的男男女女提供一段美好的"奇缘"之旅。

童话让我们不再孤独，每个人心中都有一个守护者，小时候，田间有蛙声和蝉鸣，梦中常有巨人奔驰，童话让我们不再孤独，每个人心中都有一个守护者，小火车穿越时空隧道，游经侏罗纪、巨人谷、三国志，带着梦看遍人生百态。(见第 185 页表 9)

二、前期分析

区位现状

从地理位置来看,永川区位于长江上游地区,重庆西部,东连江津区、璧山区,西接荣昌区、大足区,北接铜梁区,南临四川合江县、泸县。永川自古以来为渝西地区和川东南重要的交通、通信枢纽和人流、物流、信息集散中心。

从环境现状来看,永川区中部以北主要由平地和坡地组成,南部地区以桑田和梯田等耕地为主,乡土风貌保持良好。

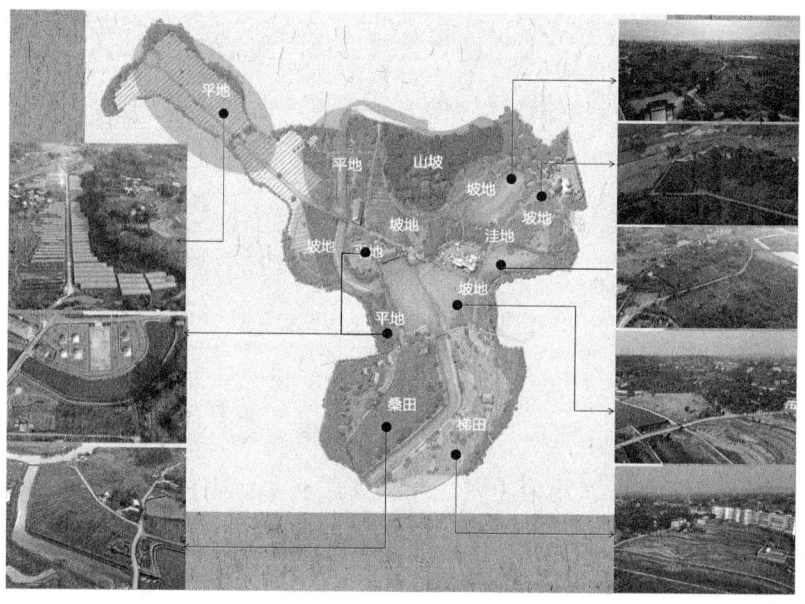

图 64　现状分析

三、方案设计

(一) 功能分区

根据项目定位,以入口服务区为中轴线,形成一轴两翼的区域格局，并将整个片区分为八大板块。中轴线以北分布有果蔬采摘区、时光机、露营区；中轴线以南分布有农耕体验区、桑葚采摘区、爱情海和巨人谷。八个片区的规划将围绕"奇观、奇闻、奇遇、奇缘"，铸就稻草人世界与众不同的光辉，同时，贯穿"文化、文脉、文心"，用以奠定农旅学项目踏实厚重的内涵。

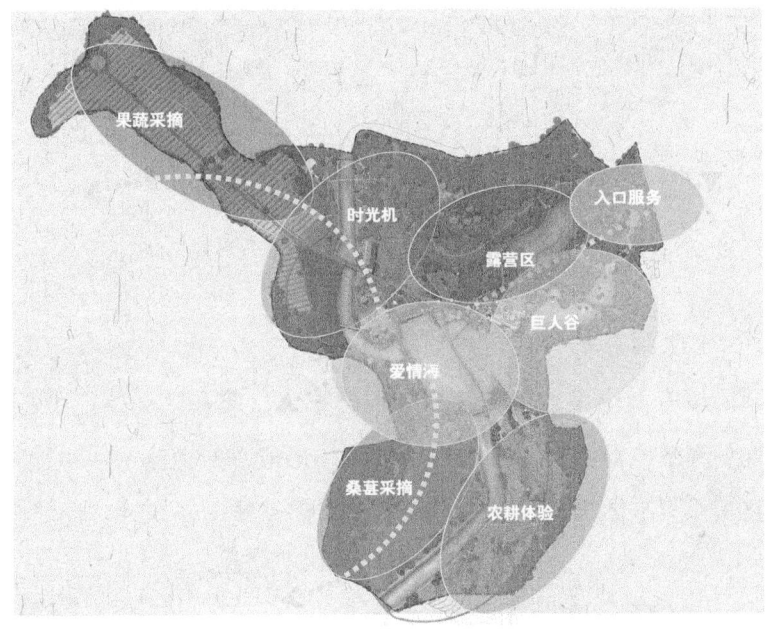

图 65　功能分布

（二）节点分析

园区节点由道路节点和小火车车站站点串联，起始于入口服务区，形成三条主要环线。小火车轨道途经所有片区站点，形成完整游览路线；游客路线迂回曲折，路线较长，既包含了片区所有景点，同时可以到达小火车无法到达的游览区，形成对小火车轨道的路线补充；公路路线较为笔直，可以从入口服务区直达水果采摘区和农耕体验区，提供了一条更加便捷的路径。

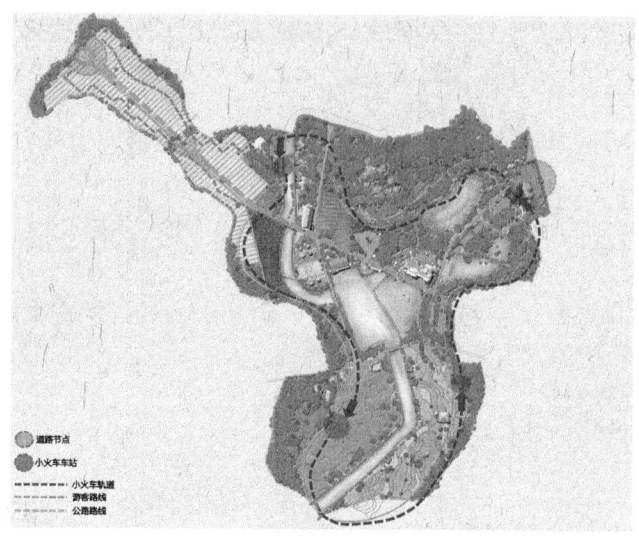

图 66　节点示意

（三）道路分析与设计规划

园区设有两个大的停车场，分别位于入口服务区和园区中心位置。道路规划在节点路线规划的基础上实施，形成车行道路、一级道路、二级道路、小火车轨道、田野小路等五条道路系统。

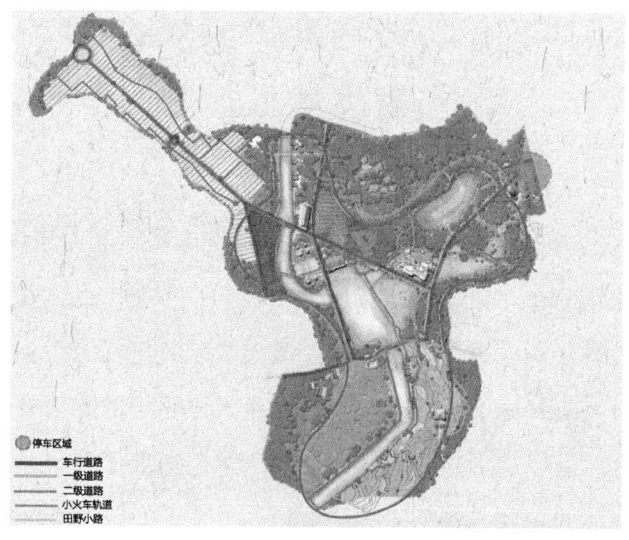

图 67　道路规划

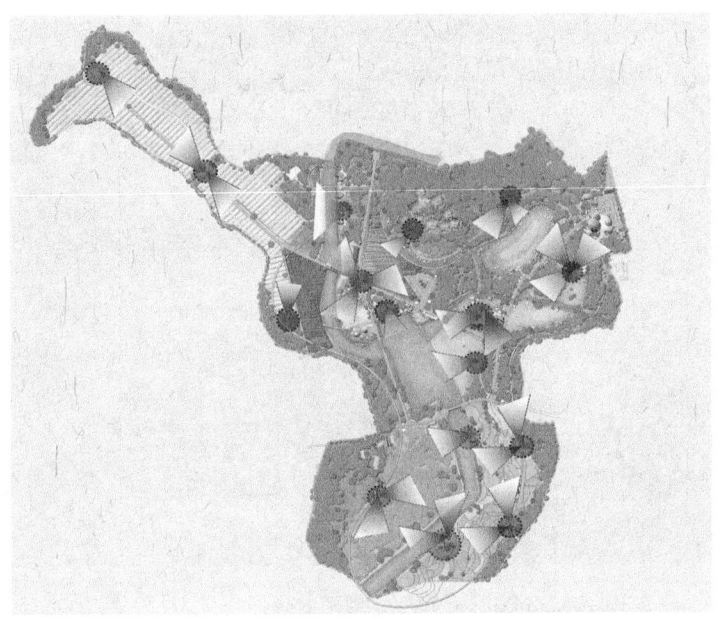

图 68　视野分析

(四) 效果示意

图 69　林中小径

图 70　巨人谷

图 71　三苏祠

图 72　会所园林

图 73　康养中心

图 74　农耕体验集散地　　　　图 75　采摘区

第四章　非物质文化遗产与文旅融合案例 | 157

图76　稻草人迷宫

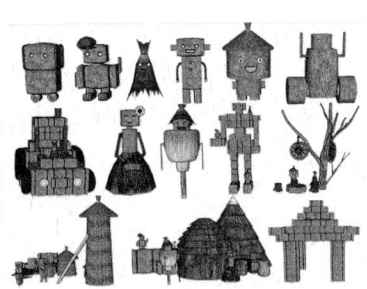

图77　草垛组合形象设计

图78　赤壁之战

图79　桃园结义

图80　时光邮局、酒馆陈列

图81　重返青春

图82　草坪婚礼

图83　许愿树

案例四：马湖府古城文化包装和场景营造设计方案

案例背景：

古镇均因古代某时期商道或航运而兴，留存至今的大多是明清建筑。全国有成千上万个古镇，宜宾也有数个古镇，然而由于古镇地理环境相近、文化基因相似、建筑风貌相同、民风民俗相承等特点，如今的古镇不免千篇一律。古镇依山傍水，然而除中华名山大川之外，不具备地理优势的绿水青山仅靠卖自然资源很难形成竞争力，唯有赋山水以独特意义，打造独特旅游产品，才能找到发展路径。

本项目着重从四个问题展开讨论：①古镇产品已趋成熟，何以突围？②川南一隅时空之隔，何以引流？③山水古城资源组合，何为引擎？④旅游大省竞争白热，何以立足？

一、前期分析

（一）区域优势

马湖府古城位于屏山县书楼镇，书楼周边邻近县市有近 800 万的人口基数，城镇居民人均可支配收入平均在 2 万元左右。周边县市人口红利较大（引自宇客文旅《马湖府古城保护性开发与利用方案》），将为马湖府古城未来的发展提供优势条件。

（二）资源解读

①自然资源：鸡罩山、高田竹海、芭蕉温泉、向家坝水库、老君山自然保护区等。

②文化资源：马湖府古城、石柱地遗址、叫花岩遗址、彝族文化、西南民族融合、民族文化等。

③产业资源：万亩金江桂圆林景区、竹海、屏山特产、屏山美食、滨水龙眼公园等。

马湖府古城现有资源特色不足，如何在林林的旅游产品中脱颖而出，亟待一个"刺痛"市场的实力特色项目。

二、文化立论

摒弃规划院的思维方式，转变为做原创策划设计、原创 IP 和原创产品。

（一）寻找 IP 元素

①金马跃湖：马湖府，得名于马湖江，马湖，又名黄琅海子，湖面面积 7.32 平方千米，海拔 1600 米左右，相传有金马跃入湖中沐浴而得名。

②马湖江·马湖蛮：三国时，蜀汉政权平定南中后，曾设马湖县以羁縻"马湖蛮"，因而从这一时期起，金沙江在宜宾至金阳段称马湖江。

自古以来，马湖江两岸为彝族等少数民族聚居区，自成部落明弘治九年（1496）马湖府改土归流，清雍正五年（1727）裁马湖府。其间几经变迁，历代朝廷经略 455 年。

③一个 4500 年前的酒杯：叫化岩遗址出土的陶酒杯，口径约 5.2 厘米，底径约 3.0 厘米，通高约 4.5 厘米。目前宜宾出土文物中最古老的酒具，是酒都宜宾有 4500 年酿酒史的实物证据。

图 84　陶酒杯（4500 年前）

④凌家大宅："凌家祠堂"位于田坝村老街中部，是清道光初年由当地望族"凌氏家族"修建的一处多进院落式建筑群，由三进四合院组成，即由门庭、中庭、堂屋及厢房构成，间以天井，四周为青砖黛瓦烽火墙体。凌家祠堂占地面积532平方米，建筑面积695平方米。（信息来源：屏山县文广旅游局，发布时间：2022年1月30日）

⑤金沙独鳌："云南有座鸡罩山，离天三尺三。"鸡罩山，与金沙江河谷紧密相连，经金沙江千百万年的冲刷演变，与云南水富市连绵起伏的山脉脱离，再经金沙江河床的隔断，孤峰矗立，独鳌金沙江旁，山高陡险，居高扼要，在山顶上建碉楼抵御外来侵犯，建烽火台传递关隘联络信号，鸡罩山古时就是当地百姓的军事要地。

（二）文化推导

1. 川南之地，越往南走，越是民族文化汇聚地，越是接近神秘之地。

2. 聚焦马湖府古城建筑群，形成西南民族特色汇聚地。

3. 从"社交"和"游艺"两个维度拓展旅游业态新模式。

4. 扬西南民族文化创新运用之旗，建西南民族文化活化平台和窗口，推西南民族文化产业化之运用，成川内独特文旅形态传经项目。从大格局、高起点，形成文化与产业齐头并进。

5. 基于其西南民族融合前沿高地的区域位置，提炼西南民族文化要素，以西南民族非遗活化为主要线索，提取其中的正向核心价值内涵——吉祥、良善、感恩、包容、忠诚。

通过景观、环境和演艺的互动建立具有识别性的古镇特色，塑造古镇名片。

(三) 项目定位

1. 文化定位

①建立西南民族文化非遗活化展示样本：利用室内外景观及雕塑、构筑物、博物展陈、演艺等，融合历史与现实，塑造神话传说故事景观与演艺形式的情境再现，并以"类剧本杀"民族文化体验消费，拉动餐饮、客栈以及休闲娱乐经济。

②建立西南民族吉祥文化体验与创新运用谷：吉祥文化是中华优秀传统文化的组成部分，扎根于国人的灵魂。以西南民族吉祥文化为根基，打造西南民族吉祥文化博物馆、吉庆礼仪、吉庆活动演艺区、吉祥文化视觉系统、文化生态及生活体验区，呼应当代都市寄情与猎奇需求，并探索民族文化产业化运用。

③建立西南民族神秘文化碰撞交融高地：科技融合艺术，采用 VR、AR、全息等高科技手段展示吉兽造型，大开奇思妙想的脑洞，共同创造属于社区的吉兽。

2. 客群定位

遍地开花的古城建设，走马观花的团队客群，数量为先，叫好不叫座的商业业态，传统旅游形式面临不断成长的旅游受众更迭，时间终究推动他们即将成为未来的旅游主体。变局之下，旅游市场势必细分，面对疫情常态化之国情，面对摩肩接踵的景区观"海"，面对从人到车的各种抢占，大而全的规模型旅游项目是否还是新一代旅游参与者的首选？小而精、特色化、个性化或许将为他们提供更为丰富的选择。结合本项目的各类资源及优势，无论是规模、空间还是自然环境，其个性化属性越发凸显。

未来的旅游主体：①追逐动漫、游戏、网络的中二一代；②勇于尝新的挑战者；③沉迷个人世界的宅男宅女；④NPC引领下游戏社交生力军；⑤拒绝主流的潮男潮女；⑥奉行背包为家的天涯客；⑦冲破次元壁的奔现人；⑧时空穿越信条守护人；⑨萌宠们的铲屎官；⑩主动展现自我的汉服忠粉。

三、产品策略

（一）自然资源策略

纵贯风水探究自然馈赠，天人和谐，以一渡一城、一滨一驿，带动两湾三山、四季山水。

①一渡：古渡形象口岸、江面游览港、古舫。

②一滨：滨河形象口岸、水上酒街、水上游乐、水上休闲。

③一驿：滨河形象口岸、临时停车场和接待聚集地。

④一城：分A、B两区，A区西南民族神话活化区（演艺、工艺、夜游、《山海经》沉浸式项目）；B区为古城"类剧本杀"消费体验区（含神话故事情景活化现场、剧场及植入式民宿、餐饮）。

（二）文化资源策略

神秘文化与科技手段融合，挖掘探秘解密逻辑下的多元消费形式，形成西南少数民族吉祥文化、神话、神秘文化及吉祥、祈福文化时尚包装等。

1.《金马跃湖》传奇故事IP

迷失千年,千年追寻,由凭生生世世轮转红尘,赴前尘约定做你多情魂,所爱隔山海,我便越山海。

2.西南民族吉祥文化视觉系统

云南及凉山共有的屋脊神兽——瓦猫(中国式样招财猫)。

图85 瓦猫

3.神秘奇域马湖漫世界

以神秘文化、神话故事为看点,为亮点,让游客漫山找寻神话与神兽。马湖漫世界内容分为三个区块:

①山海谷——《山海经》文化体验与惊悚游乐。

②动漫谷——参与性神话剧场、动漫体验、动漫生活服务。

③逍遥谷——山海谷与动漫谷中间的地带、山地躲猫猫、林中奇遇游乐。

4.沉浸式故事演绎

①山海纪:消费和游乐融于一体的怪兽博物馆和游乐场声光电、全息相结合的场景互动装置、时空通道,机械与全息相结合、具有互动性的怪兽,建构奇异惊悚的游乐体验。

②奇幻森林:在丛林奇遇中开启奇幻之旅,让游客漫山找寻神话与神兽。

图 86　山海纪场景效果示意

图 87　奇幻森林场景效果示意

5. 山海里奇幻夜游

打造山海城相连的奇幻夜游，强化故事 IP 体验；神话故事全集复原景观 + 演艺活化 +VR 虚拟现实 /AR 增强现实故事解密。

图 88　山海里奇幻夜游场景效果示意

6. 剧本杀消费体验

引入实景剧本杀、桌游、密室等。以民族美食及"类剧本杀"消费体验为消费者提供古镇畅玩的解决方案。

图 89　剧本杀场景示意

7. 节庆活动

以非物质文化遗产为媒介，举办相关节庆活动，形成具有特色的异世界狂欢节。

图 90　异世界狂欢节

8. 民族文化与非遗体验亲子游

以亲子游为客群对象，将民族文化打造成生动的游乐体验场景，寓教于乐，从小培养未来一代对非物质文化遗产的感受与认知。

第四章 非物质文化遗产与文旅融合案例 | 167

图 91 亲子游体验场景

（三）业态布局策略

横向拓展秘境游乐演艺和夜游，延伸到康养休闲、水上赛事、自行车赛，贯通江山打造山水马拉松、山地等赛事引流；纵向拓展茶业、工艺、培训、研学；并以古城"类剧本杀"情境体验消费为底本，串接多业态。

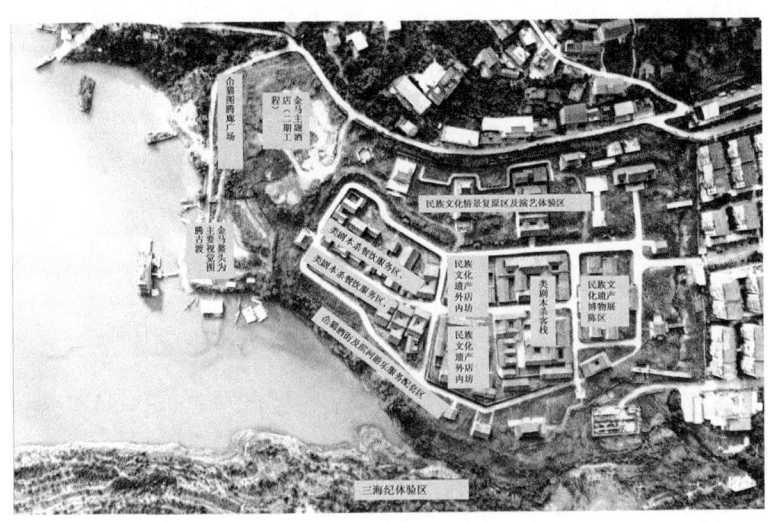

图 92 产品布局

图 93　金马茶产业

图 94　民族特色产品

（四）旅游特色策略

从吉庆到神奇、神秘，到狂欢，到游戏和基于元宇宙叙事格局的时空布置、密室魅影、神灵桌游、灵怪 COS、异装异境巡游、镜像赛事；以吉祥祈福主题体验消费、庆典向异世界狂欢节延伸，再游走秘境寻踪。

四、开发策略

（一）实现可持续"建设"与"开发"

①着力于传统文化与当代科技融合、文化传承与创新运用融合，建文旅式样之美，体验形式之妙，开文旅模式之新。

②集中力量，整合资源，打造炫动亮点，落实具体卖点，以点带面，持续完善，稳步发展。

③避免"全面出击"和"大而全，全而陋"引发烂尾。

（二）塑名引流，正名塑身

①以西南民族文化遗产活化手段，建构展陈、体验、消费一体化特色平台。

②以西南民族文化活化情景现场建构"类剧本杀"服务消费体系。

③以西南民族文化活化的完整性、规模性、系统性建构"官、商、民、学"共同认可，形成社会影响和品牌效应。

（三）目标与规划

1. 近期目标

①"形象口岸、文化内涵、名片"三要素优先建设原则。

以一渡、一滨、一驿、一城示范工程，塑形象，引招商，牵动金马大湾区高质量开发，形成产业闭环。

②"建设工程、内容生产、品牌推送"三抓手同步原则。

以项目建设工程中的民族文化遗产活化进程作为媒体内容，带动品牌推送。

2. 中期目标

形成民族文化特色产业带、民宿度假产业带、水上娱乐、沿江赛事、慢行系统、水上交通游线、自行车赛道等。

3. 大文旅跃升

通过优势资源整合和高端资源注入，使屏山大文旅得以实现维度跃升。

①与四川省国有企业合作，提升整个旅游基础设施建设，完善大旅

游线路和规划布局。

②与中国美协、川美等国内美术高校等合作，打造动漫艺术高地。

③与全国文联、中国剧协等合作，打造文聚之地，创作脍炙人口的作品。

五、文化包装与场景营造设计

（一）设计原则

1. 在整个项目中，不适合以都市公园建设思想进行构筑物和景观的建造，应多采用有历史感的要素，可在周边拆迁农舍中找寻材料。

2. 采民间生活要素增添烟火气和本土生长性。建议采集乡村拆迁农舍中的石磨、柴木堆、石槽、峡江石、鹅卵石、荒料为基本元素。

3. 把持朴拙调性，塑古城原拙气质。整个项目应多采用厚重色调，忌白灰和现代材质，造型上以非常规方式堆积，忌整齐划一。

（二）艺术提炼

1. 提取非遗文化元素、符号，形成从文化遗产的传承，到文化遗产的当代创意、创新性应用。

图95　文化元素

2.选取石磨、泡菜坛、青瓦、碓窝、猪槽、青砖、毛石、卵石、花窗、石门、牌坊、拱桥、石堡、榫卯、石板桥、佛龛、石窟、砖雕、烟囱、石岗、石笋等视觉要素,对其进行解构、提取、提炼和再创作,构建根植于民族文化遗产,生长于新时代的原创性活化艺术作品。

图 96　艺术再造

(三)项目规划

根据古城独特的地理环境和空间格局,形成围绕"一渡、一滨、一驿、一城"的古城总体规划方案。"一渡"指的是古渡形象口岸、江面游览港、古舫。"一滨"是古城的滨河形象口岸,沿岸设有水上酒街、水上游乐、水上休闲等。"一驿"与"一渡"相毗邻,是古城的滨河形象口岸,主要设有临时停车场、接待聚集地,以及高品质酒店等。"一城"作为古城中心地带,所占面积较大,也是游客活动、游览和体验的主要区域。城内又分为 A 区和 B 区,A 区为西南民族神话活化区,将持续开发演艺、工艺、夜游、《山海经》等沉浸式项目;B 区为古城沉浸式体验消费体验区,包含神话故事情景活化现场、剧场及植入式民宿、餐饮等。

①水面游乐区,作为金沙江面的快艇、水上降落伞等游乐设施的泊船港湾。

②水上交通码头连接古城外的交通节点。

③形象展示区,既展示民族文化活化成果,又为实景演出提供足够

大的舞台。

图 97　分区规划（一渡、一滨、一驿、一城）

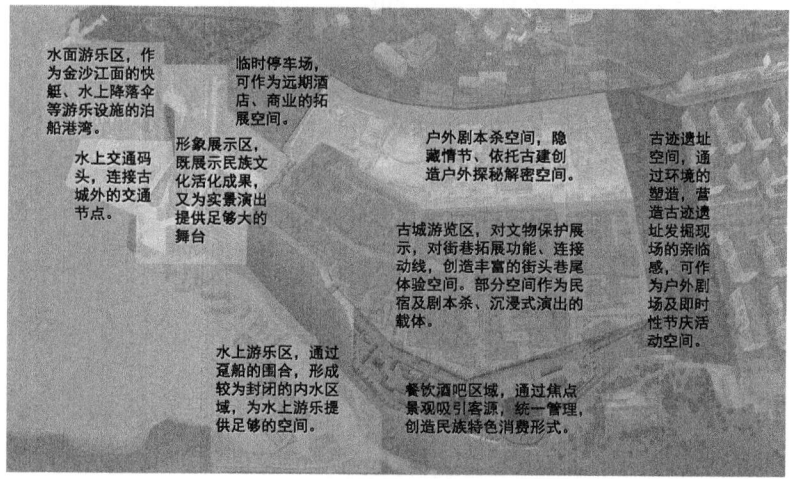

图 98　功能局部分析

④临时停车场，可作为远期酒店、商业的拓展空间。

⑤水上游乐区，通过趸船的围合，形成较为封闭的内水区域，为水上游乐提供足够的空间。

⑥户外剧本杀空间，隐藏情节、依托古建创造户外探秘解密空间。

⑦古城游览区，为文物保护展示，为街巷拓展功能、连接动线，创造丰富的街头巷尾体验空间。部分空间作为民宿及剧本杀、沉浸式演出的载体。

⑧餐饮酒吧区域，通过焦点景观吸引客源，统一管理，创造民族特色消费形式。

⑨古迹遗址空间，通过环境的塑造，营造古迹遗址发掘现场的亲临感，可作为户外剧场及即时性节庆活动空间。

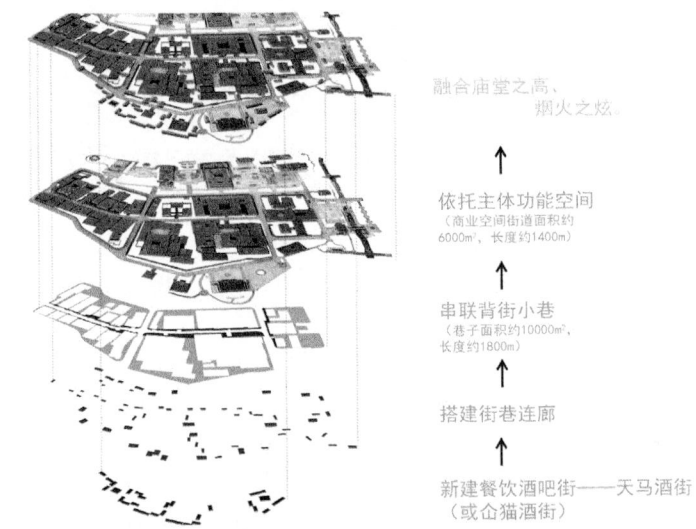

图99　空间利用分析

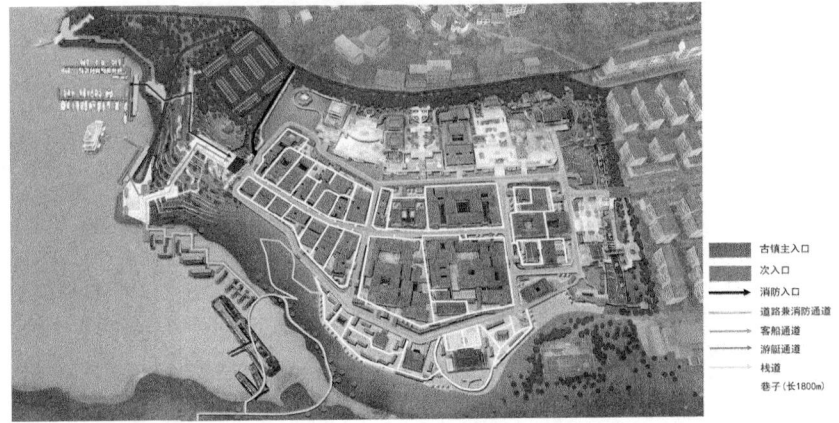

图100　交通流线分析

（四）古城民族文化场景设计

1. 建设与实施方案：金马云崖方案

提炼云南与彝族及这一地带的朴拙垒石建筑语言和民俗文化风格，建构有灯火气息、有民族特色和草根特征的文化现场。以拙、以荒原野性为美之准则，打造突出于现实、卓立于定式的审美追求，以奇异之构造形成视觉记忆与冲击。

图 101　金马云崖

2. 水岸要素：龙马

马湖府有金马跃湖的传说，以龙马雕塑作为口岸形象，龙马也象征着充满青春活力和永远一往无前的民族精神。

图 102　龙马

3. 水岸要素：烽火台－平夷烽火

烽火台可通过灯光装置营造火焰效果，矮墙则可用麻绳护栏。

第四章　非物质文化遗产与文旅融合案例 | 175

图 103　烽火台

4. 文化场景

将民族文化元素融入场景设计，形成具有地域特色的文旅新场景。

图 104　民族文化场景一

图 105　民族文化场景二

图 106　民族文化场景三

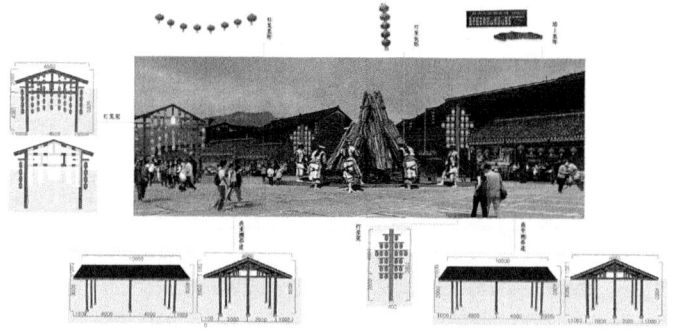

图 107　民族文化场景四

5. 古城情景活化

定格历史瞬间，再现古城昔日的辉煌。

图 108　明代情景

第四章　非物质文化遗产与文旅融合案例 | 177

图 109　大象游街

图 110　彝族宴席

表 1 周边主要旅游资源（娱乐类型与地产类型）

类型	项目名称	开发时间	主要经营内容	规模（亩）	服务人群	定位	开放时间	人流量	停车位（个）	特色
景区娱乐类型	黑山谷	2005	原始生态风景	15000	中青年游客	5A级景区	5-9月			九曲画廊、飞鱼瀑等
	龙鳞石海	2005	喀斯特地貌观光体验	7000	中青年游客	5A级景区	全年			石林、喀斯特地貌
	奥陶纪	2015	奥陶纪地质地貌和自然生态观光、探险游乐	19000	儿童、亲子	石林核心景区内的公园	全年			天空悬廊、游乐项目
	青年汇	2017	娱乐、探险、聚餐、演艺一体化教学、体验	320	中青年游客	运动会主题乐园	全年	游客100万以上		巅峰光影秀
	丛林菌谷	2016	以儿童为对象的体验游乐	890	儿童、亲子	蘑菇元素亲子娱乐公园	全年			亲子面塑、采菇比赛、百菇宴等
	板辽金沙滩	2012	仿海岛风光、沙滩、水上游乐等	135	儿童、亲子	观赏、游乐体验	全年			海岛风情、阳光沙滩、沙雕艺术展等
旅游地产酒店类型	金科中华养生协	2013	避暑旅居生活	577	中老年旅居	短期康养生与长期居住结合	5-9月	3197户	903	被原始森林所包围
	雅山谷	2015	避暑旅居生活	250	中老年旅居	避暑度假社区	5-9月	1456户		宜居宜游的环境
	清风雅水	2014	避暑旅居、酒店休闲	77	家庭避暑	养生、休闲、餐饮、娱乐、健身一体化	5-9月	700户	300	天然的氧吧、幽静、离车鸣，商贩喧哗
	上谷院	2013	避暑旅居、酒店休闲	76	中老年旅居	养生疗养基地	5-9月	1036户	415	森林中的家
	重报云麓	2014	山谷景观长廊、商业中心、主题园区、酒店群落、探险游乐	200	家庭避暑	人工与自然景观相互协调，自然与人文环境共生生存	5-9月	3134户	920	法式风情鲜花小镇、海拔1050米、宜养生、特色山景地产度假居住、特色山景度假居住
	黑山·1098	2014	避暑旅居、休闲娱乐一体化生态产品	185	家庭避暑	客房隐身于丛林之中，与大自然亲密接触	5-9月	1514户	678	简欧装修、宽敞客房、居家出游亲子同、套房和总统套房
	天籁谷	2013	山谷主景观长廊、中心、主题园落、酒店群落、探险游乐	165	家庭避暑	5A景区	全年	1772户	522	万亩森林、25项游乐项目、主题酒店集群、两大商业中心
	黑山谷假日国际	2015	避暑旅居、休闲娱乐一体化生态产品	129	家庭避暑	植物季相变化，景观四季不同	全年	2298户		"藏于山，隐于市"
	美奢山居酒店	2016	酒店、住宿、休闲娱乐	5	家庭出游	"山中有人家"，拉近人与山的距离	全年	31间	80	奢享自然的独特环境

表2 差异化发展策略（酒店旅游类型与乡村旅游类型）

类型	项目名称	主要经营内容	规模（亩）	服务人群	特色
景区游乐类型	黑山谷	原始生态风景	15000	中青年游客	九曲画屏、飞鱼瀑等
	龙鳞石海	喀斯特地貌观光体验	7000	中青年游客	石林、喀斯特地貌
	奥陶纪	奥陶纪地质地貌和自然生态观光、探险游乐	19000	儿童、亲子	天空悬廊、游乐项目
	青年汇	娱乐、探事、赛事、演艺一体化教学、体验	320	中青年游客	板速赛道、悬崖秋千、巅峰光影秀
	丛林菌谷	以儿童为对象的体验、游乐、研学项目	890	儿童、亲子	亲子面塑、采菇比赛、百菇宴等
	板辽金沙滩	仿海岛风光、沙滩、水上游乐等	135	儿童、亲子	海岛风情、阳光沙滩、沙雕艺术展等
旅游地产酒店类型	金科中华生城	避暑旅居生活	577	中老年旅居	被原始森林所包围
	雍山谷	避暑旅居生活	250	中老年旅居	宜居宜游的环境
	清风雅水	避暑旅居、酒店休闲	77	家庭避暑	天然的氧吧、幽静、远离车鸣、商贩喧嚣
	上谷院	避暑旅居、酒店休闲	76	家庭避暑	森林中的家
	重报云麓	避暑旅居、酒店休闲	200	中老年旅居	法式风情鲜花小镇。海拔1050米、宜养生、特色山景地产
	黑山·1098	山谷主景观长廊、商业中心、主题园区、主题酒店群落、探险游乐	185	家庭避暑	简欧装修、宽敞客房、居家出游亲子间、特色套房和总统套房
	天籁谷	避暑旅居、休闲娱乐一体化业态产品	165	家庭避暑	万亩森林、25项游乐项目、两大商业中心、主题酒店集群
	黑山假日国际	酒店、住宿、休闲娱乐	129	家庭出游	"藏于山、隐于市"
	美蓉山居酒店		5		奢享自然的独特环境

表 3 黑山·漫世界

文化内容	分区	项目节点	高端酒店	民宿	互动游乐游戏	仪式场所	咖啡、餐饮、茶饮	文创服务	文创产品展览	艺术展览	夜游游览项目	游学售卖	动漫产品销售	节日表演空间	高端度假住宅	生活服务市场	简要介绍
黑山·漫世界（艺术主题）	山海纪	怪兽博物馆							●	●							《山海经》文化展陈
		上古游乐场、惊悚屋			●												惊悚游乐（运动方式讲解游戏）、造型奇特略微惊悚、密室逃脱等探险游戏
		怪兽酒店、餐厅	●				●										让神秘的远古动物成为休闲空间的故事线和消费活动的伴侣
		穿越小火车									●						悠游上古、时空隧道、四季全息更替、车票销售、车厢活动仪式定制
		荒原奇异谷									●						魔法森林夜游、露天地带、林间的秘境结晶、林中奇遇游乐
	动漫童话谷	漫合综厅			●				●				●				动漫展览、奇异屋、动漫教育、动漫生活服务
	黑山漫花谷	百花盛宴				●								●			新霓剧场，用毛绒绒的方式解读经典童话，让原本的内容在现实再现，让观众参与演出。我也要当怪兽妈妈演童话
		山林投影秀				●	●										森林唱吧、森林影音、录音工作室、个人MTV定制、婚礼摄影棚
		森林戏剧节					●						●	●		●	扮怪兽之童趣乐园、道具租售超市、餐饮、玩具、动漫服装售卖、童话摄影秀
																	激光、全息投影及三维影视打造夜游项目，留住游客过夜
																	以花丛中的餐饮等形式
																	打造不同季节的全民狂欢季，游客既眠观众又是表演的一部分

表 4 黑山·度假房

文化内容	分区	项目节点	主要业态布置																简要介绍
			高端酒店	民宿	游乐	互动游戏	仪式场所	餐饮	咖啡、茶饮	文创服务	文创产品	艺术展览	夜游项目	游览项目	游学营	动漫产品销售	节日表演空间	高端度假住宅	生活服务市场	
黑山·度假房（地产开发）	黑山-花房别院	退台式山景洋房																●		家家有景，户户如画，依山而建，与自然完全融合
	黑山-艺林别院	院落式避暑洋房																●		合院形式的艺木家，名师工作坊，前庭后院，公共区域与创作区各就其位
	黑山-山海别院	退台式叠拼别墅																●		层层退台，错叠而不干扰，家家均可独享一定面积的田园农地
	黑山天艺谷（艺术民宿、美术馆）	绿野艺术通廊									●									艺木廊，艺木品展览、陈列交易，艺木体验
		艺客居		●				●	●											艺木民宿，茶室，咖啡厅，餐厅等
		艺耕坊													●					艺木研学、国学馆，托育中心(少─有所学，避暑不避学，老─有所乐自有所学)

表 5 黑山·原乡岭

文化内容	分区	项目节点	主要业态布置	简要介绍
黑山·原乡岭（乡贤文化）	原乡故事汇	乡贤名人馆	（高端酒店、民宿、游乐、互动游戏、仪式场所、餐饮、咖啡/茶饮、文创服务、文创产品、艺术展览、夜游项目、游学项目、动漫产品销售、节日表演空间、高端度假住宅、生活服务市场）	乡贤故事记录、乡亲聚集场、万盛名人簿、上古万盛造像（公共服务）
		百家姓祭坛		寻族脉、祭先祖、聚族人（会所式聚会场所、礼仪服务）
		黑山百姓会馆		立家训、著家书、编家谱、书编撰服务（团体型酒店住宿、餐饮、文化服务）
	原乡感守望台	寄情林		馆外丛林设置放生地、系红绸、铜锁寄情刻石碑、立塑像等服务
		孝义堂		孝子河、慕以堰、三元桥造像（融入繁业、酒店等公共社区）
		灵兽苑		养梅花鹿、孔雀等通灵动物（灵兽认养、投食、纪念品、灵兽手办售卖）
		黑山禅院		禅修坊、禅修室、心灵按摩、禅修课程（定制茶叶、禅茶室、售伴销售）
	乡景康养谷	森林酒店		以山林为大背景的全功能酒店
		疗养中心		高端住宿、服务全面、兼顾养生、调理、参禅、理疗等功能的疗养中心
				老有所学，俱乐部式的长者服务中心（书画、摄影、垂钓、棋牌等）

表 6 艺术品造价概算

区域	主题	节点	内容	单位	数量	单价（万元）	合计（万元）	备注
黑山漫世界（艺术主题）	山海纪	怪兽博物馆	《山海经》神兽雕塑（铜雕）	座	30	40	1200	配套景观+制作安装及设计
		上古游乐场、惊喊屋	神兽装置	个	10	20	200	配套景观+制作安装及设计
		怪兽酒店、餐厅	山海纪神兽道具、装饰（玻璃钢）	座	20	10	200	配套景观+制作安装及设计
		穿越小火车	火车装饰	组	3	10	30	配套景观+制作安装及设计
	动漫童话谷	荒原奇异谷	石头彩绘	个	20	3	60	配套景观+制作安装及设计
		漫谷综艺厅	卡通造型雕塑	个	15	8	120	配套景观+制作安装及设计
		绿野艺术谷	艺术装置（金属）	组	8	30	240	配套景观+制作安装及设计
	黑山天艺谷	艺客居	景观雕塑（铜雕）	座	5	22	110	配套景观+制作安装及设计
		艺耕坊	涂鸦壁画	m²	1200	0.1	120	配套景观+制作安装及设计
	黑山百花谷	山体投影秀	山体投影仪	台	6	12	72	
			音响	组	4	6	24	
			感应装置	台	1	2	2	
黑山原乡岭（乡贤文化）	原乡故事汇	森林戏剧节	舞台装饰、舞台道具	组	12	16	192	配套景观+制作安装及设计
		子如公祠	名人塑像（铜）	座	10	10	100	配套景观+制作安装及设计
		百家姓祭坛	祭坛装饰、神兽铜雕	组	4	80	320	配套景观+制作安装及设计
	乡隐守望台	黑山百姓会馆						
		寄情林	铜浮雕装饰	m²	60	1.2	72	配套景观+制作安装及设计
		孝义堂	铜浮雕装饰	m²	30	1.2	36	配套景观+制作安装及设计
		灵ում苑	铜浮雕装饰	m²	40	1.2	48	配套景观+制作安装及设计
		黑山神院	铜浮雕装饰	m²	90	1.2	108	配套景观+制作安装及设计
		五星级酒店	装饰雕塑	座	5	25	125	配套景观+制作安装及设计
	乡景康养谷	疗养中心						
黑山度假房产（地产开发）		黑山·花房别院	退合式山景洋房					
		黑山·艺林别院	院落式遗墨洋房	座	30	25	750	配套景观+制作安装及设计
		黑山·山海别墅	退合式叠拼别墅					
		父亲雕塑	景观雕塑	座	1	2000	2000	巨型浮雕或圆雕
总 计（万元）							**6129**	

表 7 经济效益分析

序号	产业名称	用地面积（亩）	容积率	密度（%）	建设规模（万㎡）	土地单价（万元/亩）	土地成本（万元）	建造成本（万元）	总投资（万元）	总收益（万元）	备注
1	体验式农业项目	980	/	/	/	3	1000	10	11000	10000	30年流转费, 5年总收益
2	体验式林业项目	3500	/	/	/	2	3500	2	10500	7000	50年流转费, 5年总收益
3	旅游设施	5000	/	/	/	/	/	12	60000	/	
4	旅游配套项目	20	≥1.0 ≤1.5	≤40	2.0	50	1000	1.0	21000	10300	5年总收益
5	疗养康复项目	20	≥1.0 ≤1.5	≤40	2.0	50	1000	1.0	21000	5100	5年总收益
6	教育培训项目	10	≥1.0 ≤1.5	≤40	1.0	50	500	1.0	10500	10300	5年总收益
7	商业服务项目	20	≥1.0 ≤1.5	≤40	2.0	50	1000	1.0	21000	10300	5年总收益
8	精品民宿项目	20	≥1.0 ≤1.5	≤40	2.0	50	1000	1.0	21000	15500	5年总收益
9	星级酒店项目	30	≥1.0 ≤1.5	≤40	3.0	50	1500	1.0	31500	800000	5年总收益
10	精品度假房项目	400	≥1.0 ≤1.5	≤40	40.0	100	40000	1.0	440000	50000	总价值
11	旅游景区项目										5年总收益
	合计	5000			52		50500		647500	918500	

表 9　谱系列表

分区	项目节点	主要业态布置													简要介绍
		民宿	会所	游乐	互动游戏	果蔬采摘体验	餐饮	文创服务	文创产品	艺术展览	农耕体验	游览项目	康养中心	游学营	
稻草巨人谷	稻草迷宫			■											以草垛为材料打造的特色迷宫，使游客流连童话世界
	巨人渔场	■													稻草巨人谷，穿越时光隧道，抵达巨人村落，孩子们的巨人世界
	巨人村的炊烟						■								草坪野炊，游客可停留，可购买纪念品
	七十二变				■										七十二变故事汇，畅游稻草童话世界
	自然感恩季					■									亲子采摘蔬菜水果体验项目，让孩子亲近自然，感恩自然
	巴山蜀水（民宿）	■													四川农耕工具展览，住农家院落民宿，了解农耕历史
	稻田的守望者（种植体验）										■				孩子与孩子的一场种植体验，了解植物生长过程，丰收季节可收获果，增加客户依赖度
	永川侠罗纪（巨人视角体验）											■			巨人谷区域打造永川恐龙之乡主题
爱情海	婚纱摄影							■							模拟微缩景观，小火车穿越时空，三国迷宫，附瞰微缩城市，体验巨人视角
	婚庆花园							■							打造婚纱摄影基地，围绕稻草人设置多个婚纱照布景主题
	草坪婚礼						■								集合婚礼仪式、餐饮、娱乐于一身的大型综合婚庆餐厅（可与婚庆公司合作开发）
	许愿树				■										以园区巨型裂纹木偶装置，设计不同主题的草坪婚礼场景，作为爱情的见证，可许愿，以树、石为蓝本种植精品名贵奇石，互动性，木牛马，孔明锁，手作稻人，协调能力
稻草故事汇（周期性选、暂定稻草三国志）	三英成兵工坊（文创体验）								■						人口区大草坪为依托，种植稻纱景观手眼神创作文创有纪念
	草船借箭											■			三国主题文创，画彩灯等DIY活动区
	桃园结义											■			穿稻草铠甲游草船借箭，桃园结义三国历史经典场景，玩转三国
	三顾茅庐（滨水民宿）	■													开发游船项目并打造水上桥
	赤壁之战（文创游戏）			■											儿童扮演职业生涯体验，策划水上行走的刺激体验游戏
	煮酒三国（酒品博物馆）						■								结合酒厂，展出当地酿酒文化特色，让孩子体验成人的世界
模拟人生	儿童扮演职业体验													■	儿童扮演职业体验
	时光机				■										小火车穿越时空隧道，游客稻罗盘，巨人谷、三国志，运用蒙太奇手法，跨时空风景变幻、光怪陆离的旅程
	重返青春											■			带游客还原年轻时的装扮和具有年代感的场景
	时光邮局							■							给未来的自己或念念不忘的人，写一封信，可定制年期活动仪式

第五章

结　语

　　以"数字+艺术"助推当代非物质文化遗产的可持续发展。

　　数字科技是引领新一轮科技革命和产业变革的重要驱动力。数字技术的应用已经从新奇转向更有价值的创造性活动。通过数字科技开发的数字成果，可以通过有偿服务提供给具有资源需求的社会机构或企业使用，为文创、文旅等相关的产业发展提供资源的支持。以数字技术为契机实现民族非物质文化遗产在形态认知和视觉识别的等同，让文化价值得以转移和延续，数字文化资源可以借助互联网快速抵达用户终端，为社会和民众提供文化资源展示和多种服务，实现民族非物质文化遗产资源向社会的价值转移。

　　在以文化要素促进旅游业态繁荣的趋势下，文化与旅游的联系日益紧密，新型旅游模式突破传统旅游模式限制，促使文旅产业结构适应市场需求不断进行自我修正，文化IP的加持进一步激发出旅游消费市场的无限潜能。现代科技则从技术上为文旅创新注入了新的活力，由VR、AR、MR技术，人工智能技术以及不断迭代升级的全新设施设备构建的文旅景观，无论在文旅真实场景、虚拟场景还是在网络场景中的创新应用上都发挥着不可忽视的重要作用，为不断扩容的市场需求提供了多种应对方案。

发挥数字技术转化力，借助 3D 数字软件技术实施对民族非物质文化的数字转化和遗产"活化"，以数字艺术对文化资源进行整合，实现文化旅游实体资源的虚拟化，不仅能够建立民族文化资源的系统化保护和传承，而且为民族文化的产业化拓展提供了资源基础，能够更好地服务于我国文创业态和文旅业态发展，为社会组织或企业提供非遗资源的共享和授权服务，面向世界展示并传播我国优秀的非物质文化遗产内容。

通过艺术介入非物质文化遗产活化，对非遗精神价值导向具有重要的意义和价值。首先，美育的过程是把娱乐、教育、审美三者相结合的过程，通过艺术的表现形式传递非遗精神和文化价值，塑造正确的审美意识，从而实现非物质文化遗产的普遍价值。其次，艺术通过活生生的形象的手段，不仅在认识领域，而且也在情感和志向的领域组织社会经验。再次，适度的娱乐化一定程度上拉近了非遗与观众之间的距离，在文旅项目内容的呈现形式和交互体验方式上，能够将非物质文化以更加形象、生动、直观的塑造，被大众所接受，提高民众对文化的接受度、认知度，并给参与者提供一种心理愉悦的体验过程，最终形成非遗在当代的活化与传承。

文旅项目开发可以与企业展开深度合作，借用数字艺术的"科技力量"与"艺术创意"，从非物质文化内容和价值内涵出发，以数字模型及动态影像等资源进行文化展示和资源授权的服务，开发数字旅游资源和游乐体验内容，拓展非遗在文旅中的应用价值。

参考文献

[1] 中华人民共和国文化和旅游部：《"十四五"非物质文化遗产保护规划》（文旅非遗发〔2021〕61号），2021年5月25日印发。

[2] 苏卉.文化遗产资源"活化"的动因及策略研究[J].资源开发与市场，2018，34（1）：99–102.

[3] 章牧.非物质文化遗产活化研究——基于文旅融合的视角[J].社会科学家，2021（6）：15–20.

[4] 联合国教科文组织：《保护非物质文化遗产公约》，2003年10月17日颁布。

[5]《中华人民共和国非物质文化遗产法》，2011年2月25日通过，自2011年6月1日起施行。

[6]《中华人民共和国文物保护法》，1982年11月19日施行，2017年11月4日第五次修正。

[7] 高小康.活化历史：非物质文化遗产学的学理建设思考[J].文化遗产，2021（6）：1–7.

[8] 高小康.社群、媒介与场景：非物质文化遗产活化三要素[J].中国非物质文化遗产，2021（1）：23–29.

[9] 马知遥，常国毅.非物质文化遗产保护与传承深化阶段——2011—2020年热点问题研究综述[J].原生态民族文化学刊，2021，13（6）：44–59，154.

[10] 杜彬.文旅融合背景下文化遗产资源推动旅游空间建设的思考[J].文化遗产，2021（2）：32–41.

[11] 郭宇燕，王聪.非物质文化遗产法律保护现状梳理及体系构建[J].山西大同大学学报（社会科学版），2022，36（5）：11–16.

[12] 马知遥，常国毅.非物质文化遗产教育性保护的方法论与道路探究[J].民族艺术研究，2019，32（6）：135–144.

[13] 于平.艺术学的文化视野[M].北京:中国文联出版社,2014.

[14] 习近平.加快推动媒体融合发展,构建全媒体传播格局[J].求是,2019(6).

[15] 中共中央办公厅、国务院办公厅:《关于实施中华优秀传统文化传承发展工程的意见》,2017年1月25日发布。

[16] 刘铁良.民俗文化的内价值与外价值[J].民俗研究,2011(4):36–39.

[17] 宋俊华,王明月.我国非物质文化遗产数字化保护的现状与问题分析[J].文化遗产,2015(6):1–9.

[18] 宋俊华.关于非物质文化遗产数字化保护的几点思考[J].文化遗产,2015(2):1–8,157.

[19] 杨亚庚,陈亮,贺正楚,陈文俊.非物质文化遗产生产性保护探索[J].东南学术,2014(1):210–217.

[20] 赖守亮.数字化手段在非物质文化遗产保护中应用的多维度思辨[J].设计艺术研究,2014,4(1):35–39.

[21] 黄永林."文化生态"视野下的非物质文化遗产保护[J].文化遗产,2013(5):1–12.

[22] 徐传谌,王艺璇.旅游业与非物质文化遗产产业融合:一个综述[J].经济体制改革,2018(3):91–96.

[23] 钟晟.基于文化意象的旅游产业与文化产业融合发展研究[D].武汉:武汉大学,2013.

[24] 石培华.旅游业与其他产业融合发展的路径与重点[J].旅游学刊,2011(5):9–10.

[25] 程永胜,陈金子,黄奕洁,朱丽云.非物质文化遗产的活态化传承和产品化路径研究[J].南京理工大学学报(社会科学版),2022.

[26] 邵莉媛.活化的距离:非物质文化遗产的景观化[J].兰州文理学院学报(社会科学版),2022.

[27] 麻国庆,朱伟.文化人类学与非物质文化遗产[M].北京:生活·读书·新知三联书店,2018.

[28] 杨红.非物质文化遗产数字化的冷思考[N].中国文化报,2016-07-08(7).

[29] 李胜杰.非物质文化遗产整体性保护研究综述[J].贵阳学院学报(社会科学版),2021.

[30] 龙先琼.关于非物质文化遗产的内涵、特征及其保护原则的理论思考[J].湖北民族学院学报(哲学社会科学版),2006(5):49.

[31] 赵艳喜.论非物质文化遗产的整体性保护理念[J].贵州民族研究,2009,29

(6): 50-51.

[32] 甲巴拉则, 袁展容. 西南少数民族地区非物质文化遗产融合发展研究 [C]. 人文与科技(第四辑)贵州民族大学人文科技学院会议论文集: 194–203.

[33] 香架豪, 张河清, 廖碧芯. 文化景观基因研究综述 [J]. 湖北函授大学学报, 2018, 31 (16): 113–115.

[34] 陈桂权. 第五届四川省非物质文化遗产口述史学术研讨会综述 [J]. 绵阳师范学院学报, 2020, 39 (9): 130–135.

[35] 杭侃. 文化遗产资源旅游活化与中国文化复兴 [J]. 旅游学刊, 2018, 33 (9): 5–6.

[36] 苏卉, 占绍文, 金青梅. 我国文化遗产资源经济价值评估研究——以唐大明宫遗址为例 [J]. 价格理论与实践, 2014 (11): 114–116.

[37] 中国旅游研究院文化旅游研究基地, 河南文化旅游研究院. 中国文化旅游发展报告 2018 [M]. 北京: 中国旅游出版社, 2019.

[38] 孔蓉, 杨晓能. 中国文化旅游发展研究报告 2019—2020[M]. 北京: 社会科学文献出版社, 2020.

[39] 文化旅游发展理论与实务基础编写组. 文化旅游发展理论与实务基础 [M]. 北京: 旅游教育出版社, 2019.

[40] 尹华光, 姚云贵, 熊隆友. 旅游产业与文化产业融合发展研究 [M]. 北京: 中国书籍出版社, 2017.

[41] 梁学成. 西部文化遗产类旅游资源开发与保护研究 [M]. 北京: 科学出版社, 2020.

[42] 赵东. 数字化生存下的历史文化资源保护与开发研究 [D]. 济南: 山东大学, 2014.

附录（一）

2006年第一批国家级非物质文化遗产名录（重庆市）

序号	编号	名称	类别	保护单位
1	Ⅰ-17	走马镇民间故事	民间文学	重庆市九龙坡区文化馆
2	Ⅱ-15	石柱土家啰儿调	传统音乐	石柱土家族自治县非物质文化遗产保护中心
3	Ⅱ-24	川江号子	传统音乐	重庆市文化研究院（重庆市非物质文化遗产保护中心、重庆市文化行业特有工种职业技能鉴定站）
4	Ⅱ-25	南溪号子	传统音乐	重庆市黔江区民族文化艺术馆
5	Ⅱ-26	木洞山歌	传统音乐	重庆市巴南区木洞镇文化服务中心
6	Ⅱ-52	吹打（接龙吹打）	传统音乐	重庆市巴南区接龙镇文化体育服务中心
7	Ⅱ-52	吹打（金桥吹打）	传统音乐	重庆市万盛经济技术开发区文化馆
8	Ⅱ-53	梁平癞子锣鼓	传统音乐	重庆市梁平区文化遗产保护中心
9	Ⅲ-4	龙舞（铜梁龙舞）	传统舞蹈	重庆市铜梁区文化馆（重庆市铜梁区龙文化发展研究中心、重庆市铜梁区非物质文化遗产中心）
10	Ⅳ-12	川剧	传统戏剧	重庆市川剧院
11	Ⅳ-77	灯戏（梁山灯戏）	传统戏剧	重庆市梁平区文化遗产保护中心
12	Ⅶ-10	梁平木版年画	传统美术	重庆市梁平区文化遗产保护中心
13	Ⅹ-51	秀山花灯	民俗	秀山土家族苗族自治县文化馆

2006年第一批国家级非物质文化遗产名录（四川省）

序号	编号	名称	类别	保护单位
1	Ⅰ-27	格萨（斯）尔	民间文学	甘孜藏族自治州文化馆
2	Ⅱ-16	巴山背二歌	传统音乐	巴中市文化馆

续表

序号	编号	名称	类别	保护单位
3	Ⅱ-24	川江号子	传统音乐	四川省艺术研究院
4	Ⅱ-27	川北薅草锣鼓	传统音乐	青川县文化馆
5	Ⅱ-38	羌笛演奏及制作技艺	传统音乐	茂县文化馆
6	Ⅲ-4	龙舞（泸州雨坛彩龙）	传统舞蹈	泸县文化馆（泸县美术馆）
7	Ⅲ-19	弦子舞（巴塘弦子舞）	传统舞蹈	巴塘县文化馆
8	Ⅲ-33	卡斯达温舞	传统舞蹈	黑水县文化馆
9	Ⅲ-34	僰舞	传统舞蹈	九寨沟县文化馆
10	Ⅳ-12	川剧	传统戏剧	四川省艺术研究院
11	Ⅳ-77	灯戏（川北灯戏）	传统戏剧	南充市非物质文化遗产保护中心
12	Ⅳ-92	木偶戏（川北大木偶戏）	传统戏剧	南充市非物质文化遗产保护中心
13	Ⅶ-11	绵竹木版年画	传统美术	绵竹年画博物馆
14	Ⅶ-14	藏族唐卡（噶玛嘎孜画派）	传统美术	甘孜藏族自治州文化馆
15	Ⅶ-21	蜀绣	传统美术	成都市非物质文化遗产保护中心（成都市非物质文化遗产艺术研究院）
16	Ⅶ-39	藏族格萨尔彩绘石刻	传统美术	色达县文化馆
17	Ⅷ-16	蜀锦织造技艺	传统技艺	成都蜀锦织绣有限责任公司
18	Ⅷ-56	成都漆艺	传统技艺	成都漆器工艺厂有限责任公司
19	Ⅷ-58	泸州老窖酒酿制技艺	传统技艺	泸州老窖股份有限公司
20	Ⅷ-64	自贡井盐深钻汲制技艺	传统技艺	四川久大盐业(集团)公司
21	Ⅷ-64	自贡井盐深钻汲制技艺	传统技艺	大英县文物管理所（大英县汉陶博物馆）
22	Ⅷ-71	竹纸制作技艺	传统技艺	夹江县文化馆

续表

序号	编号	名称	类别	保护单位
23	Ⅷ-80	德格印经院藏族雕版印刷技艺	传统技艺	德格县文化馆
24	Ⅸ-9	藏医药（甘孜州南派藏医药）	传统医药	甘孜藏族自治州藏医院
25	Ⅹ-10	火把节（彝族火把节）	民俗	凉山彝族自治州非物质文化遗产保护中心
26	Ⅹ-18	羌族瓦尔俄足节	民俗	茂县文化馆
27	Ⅹ-30	都江堰放水节	民俗	都江堰市文化馆

2006年第一批国家级非物质文化遗产名录（贵州省）

序号	编号	名称	类别	保护单位
1	Ⅰ-1	苗族古歌	民间文学	台江县非物质文化遗产保护中心
2	Ⅰ-1	苗族古歌	民间文学	黄平县非物质文化遗产保护中心
3	Ⅰ-5	刻道	民间文学	施秉县非物质文化遗产保护中心
4	Ⅱ-28	侗族大歌	传统音乐	黎平县文化馆
5	Ⅱ-29	侗族琵琶歌	传统音乐	榕江县非物质文化遗产保护中心
6	Ⅱ-29	侗族琵琶歌	传统音乐	黎平县文化馆
7	Ⅱ-60	铜鼓十二调	传统音乐	镇宁布依族苗族自治县文化馆
8	Ⅱ-60	铜鼓十二调	传统音乐	贞丰县文化馆
9	Ⅲ-23	苗族芦笙舞（锦鸡舞）	传统舞蹈	丹寨县非物质文化遗产保护中心
10	Ⅲ-23	苗族芦笙舞（鼓龙鼓虎－长衫龙）	传统舞蹈	贵定县文化馆（贵定县非物质文化遗产保护中心）
11	Ⅲ-23	苗族芦笙舞（滚山珠）	传统舞蹈	纳雍县文物（非物质文化）管理所
12	Ⅲ-25	木鼓舞（反排苗族木鼓舞）	传统舞蹈	台江县非物质文化遗产保护中心
13	Ⅳ-78	花灯戏（思南花灯戏）	传统戏剧	思南县文化馆
14	Ⅳ-83	侗戏	传统戏剧	黎平县文化馆

续表

序号	编号	名称	类别	保护单位
15	Ⅳ-84	布依戏	传统戏剧	册亨县文化馆
16	Ⅳ-85	彝族撮泰吉	传统戏剧	威宁彝族回族苗族自治县文化馆
17	Ⅳ-89	傩戏（德江傩堂戏）	传统戏剧	德江县文化遗产保护中心
18	Ⅳ-90	安顺地戏	传统戏剧	安顺市文化馆（安顺市文化艺术培训中心）
19	Ⅳ-92	木偶戏（石阡木偶戏）	传统戏剧	石阡县文化馆
20	Ⅴ-46	布依族八音坐唱	曲艺	兴义市文化馆
21	Ⅶ-22	苗绣（雷山苗绣）	传统美术	雷山县非物质文化遗产保护中心
22	Ⅶ-22	苗绣（花溪苗绣）	传统美术	贵阳市花溪区文物保护管理所（贵阳市花溪区非物质文化遗产保护中心）
23	Ⅶ-22	苗绣（剑河苗绣）	传统美术	剑河县文化馆
24	Ⅶ-23	水族马尾绣	传统美术	三都水族自治县非物质文化遗产保护中心
25	Ⅷ-25	苗族蜡染技艺	传统技艺	丹寨县非物质文化遗产保护中心
26	Ⅷ-31	苗寨吊脚楼营造技艺	传统技艺	雷山县非物质文化遗产保护中心
27	Ⅷ-33	苗族芦笙制作技艺	传统技艺	雷山县非物质文化遗产保护中心
28	Ⅷ-34	玉屏箫笛制作技艺	传统技艺	玉屏侗族自治县文化馆（玉屏侗族自治县民族文化艺术团）
29	Ⅷ-40	苗族银饰锻制技艺	传统技艺	雷山县非物质文化遗产保护中心
30	Ⅷ-57	茅台酒酿制技艺	传统技艺	中国贵州茅台酒厂（集团）有限责任公司
31	Ⅷ-67	皮纸制作技艺	传统技艺	贵阳市乌当区文化遗产保护管理所
32	Ⅷ-67	皮纸制作技艺	传统技艺	贞丰县文化馆
33	Ⅷ-67	皮纸制作技艺	传统技艺	丹寨县非物质文化遗产保护中心
34	Ⅹ-19	苗族鼓藏节	民俗	雷山县非物质文化遗产保护中心

续表

序号	编号	名称	类别	保护单位
35	X-20	水族端节	民俗	三都水族自治县非物质文化遗产保护中心
36	X-21	布依族查白歌节	民俗	兴义市文化馆
37	X-22	苗族姊妹节	民俗	台江县非物质文化遗产保护中心
38	X-25	侗族萨玛节	民俗	榕江县非物质文化遗产保护中心
39	X-26	仡佬毛龙节	民俗	石阡县文化馆
40	X-70	水书习俗	民俗	黔南布依族苗族自治州非物质文化遗产保护中心（黔南布依族苗族自治州文物管理保护研究所）

2006年第一批国家级非物质文化遗产名录（云南省）

序号	编号	名称	类别	保护单位
1	I-3	遮帕麻和遮咪麻	民间文学	梁河县文化馆
2	I-4	牡帕密帕	民间文学	澜沧拉祜族自治县文化馆
3	I-24	四季生产调	民间文学	红河哈尼族彝族自治州非物质文化遗产保护中心
4	I-27	格萨（斯）尔	民间文学	迪庆藏族自治州非物质文化遗产保护中心
5	I-28	阿诗玛	民间文学	石林彝族自治县文化馆
6	II-17	傈僳族民歌	传统音乐	怒江傈僳族自治州文化馆
7	II-17	傈僳族民歌	传统音乐	泸水市文化馆
8	II-30	哈尼族多声部民歌	传统音乐	红河哈尼族彝族自治州非物质文化遗产保护中心
9	II-31	彝族海菜腔	传统音乐	石屏县文化馆
10	III-20	锅庄舞（迪庆锅庄舞）	传统舞蹈	迪庆藏族自治州非物质文化遗产保护中心
11	III-25	木鼓舞（沧源佤族木鼓舞）	传统舞蹈	沧源佤族自治县文化馆
12	III-26	铜鼓舞（文山壮族、彝族铜鼓舞）	传统舞蹈	文山壮族苗族自治州非物质文化遗产保护和艺术研究中心

续表

序号	编号	名称	类别	保护单位
13	Ⅲ-27	傣族孔雀舞	传统舞蹈	瑞丽市文化馆
14	Ⅲ-35	傈僳族阿尺木刮	传统舞蹈	维西傈僳族自治县文化遗产保护所
15	Ⅲ-36	彝族葫芦笙舞	传统舞蹈	西畴县民族文化群众艺术馆
16	Ⅲ-37	彝族烟盒舞	传统舞蹈	石屏县文化馆
17	Ⅲ-38	基诺大鼓舞	传统舞蹈	景洪市文化馆
18	Ⅳ-78	花灯戏（玉溪花灯戏）	传统戏剧	玉溪市文化馆
19	Ⅳ-86	傣剧	传统戏剧	德宏州文化馆
20	Ⅴ-44	傣族章哈	曲艺	西双版纳傣族自治州文化馆
21	Ⅶ-13	纳西族东巴画	传统美术	丽江市文化馆
22	Ⅶ-16	剪纸（傣族剪纸）	传统美术	芒市文化馆（芒市非物质文化遗产保护中心）
23	Ⅷ-5	傣族慢轮制陶技艺	传统技艺	西双版纳傣族自治州文化馆
24	Ⅷ-26	白族扎染技艺	传统技艺	大理市非物质文化遗产保护管理所
25	Ⅷ-33	苗族芦笙制作技艺	传统技艺	云南省大关县文化馆
26	Ⅷ-41	阿昌族户撒刀锻制技艺	传统技艺	陇川县文化馆
27	Ⅷ-68	傣族、纳西族手工造纸技艺	传统技艺	临沧市非物质文化遗产保护中心
28	Ⅷ-68	傣族、纳西族手工造纸技艺	传统技艺	香格里拉市文化遗产管理所
29	Ⅹ-8	傣族泼水节	民俗	西双版纳傣族自治州文化馆
30	Ⅹ-10	火把节（彝族火把节）	民俗	楚雄彝族自治州文化馆
31	Ⅹ-11	景颇族目瑙纵歌	民俗	陇川县文化馆
32	Ⅹ-23	独龙族卡雀哇节	民俗	贡山独龙族怒族自治县文化馆
33	Ⅹ-24	怒族仙女节	民俗	贡山独龙族怒族自治县文化馆
34	Ⅹ-27	傈僳族刀杆节	民俗	泸水市文化馆
35	Ⅹ-41	白族绕三灵	民俗	大理白族自治州非物质文化遗产保护中心
36	Ⅹ-65	苗族服饰（昌宁苗族服饰）	民俗	昌宁县文化馆

2006 年第一批国家级非物质文化遗产名录（西藏自治区）

序号	编号	名称	类别	保护单位
1	Ⅰ-27	格萨（斯）尔	民间文学	西藏自治区文化厅
2	Ⅲ-19	弦子舞（芒康弦子舞）	传统舞蹈	西藏自治区昌都市芒康县文化局
3	Ⅲ-20	锅庄舞（昌都锅庄舞）	传统舞蹈	西藏自治区昌都市卡若区文化局
4	Ⅲ-21	热巴舞（丁青热巴）	传统舞蹈	西藏自治区昌都市丁青县文化局
5	Ⅲ-21	热巴舞（那曲比如丁嘎热巴）	传统舞蹈	西藏那曲市比如县文化和旅游局
6	Ⅲ-22	日喀则扎什伦布寺羌姆	传统舞蹈	日喀则市扎什伦布寺管理委员会
7	Ⅲ-39	山南昌果卓舞	传统舞蹈	贡嘎县文化局（文物局）
8	Ⅳ-80	藏戏（拉萨觉木隆）	传统戏剧	西藏自治区文化厅
9	Ⅳ-80	藏戏（日喀则迥巴）	传统戏剧	西藏自治区文化厅
10	Ⅳ-80	藏戏（日喀则南木林湘巴）	传统戏剧	西藏自治区文化厅
11	Ⅳ-80	藏戏（日喀则仁布江嘎尔）	传统戏剧	西藏自治区文化厅
12	Ⅳ-80	藏戏（山南雅隆扎西雪巴）	传统戏剧	西藏自治区文化厅
13	Ⅳ-80	藏戏（山南琼结卡卓扎西宾顿）	传统戏剧	西藏自治区文化厅
14	Ⅳ-81	山南门巴戏	传统戏剧	西藏错那市文化局（文物局）
15	Ⅶ-14	藏族唐卡（勉唐画派）	传统美术	西藏大学艺术学院
16	Ⅶ-14	藏族唐卡（钦泽画派）	传统美术	西藏大学艺术学院
17	Ⅷ-21	藏族邦典、卡垫织造技艺	传统技艺	贡嘎县文化局（文物局）
18	Ⅷ-21	藏族邦典、卡垫织造技艺	传统技艺	江孜县文化和旅游局
19	Ⅷ-47	拉萨甲米水磨坊制作技艺	传统技艺	西藏嘎吉林旅游开发有限公司
20	Ⅷ-69	藏族造纸技艺	传统技艺	拉萨彩泉福利民族手工业有限公司
21	Ⅷ-88	风筝制作技艺（拉萨风筝）	传统技艺	西藏自治区群众艺术馆（西藏自治区非物质文化遗产保护中心）

续表

序号	编号	名称	类别	保护单位
22	Ⅸ-9	藏医药（拉萨北派藏医水银洗炼法和藏药仁青常觉配伍技艺）	传统医药	西藏藏医药大学
23	Ⅹ-31	雪顿节	民俗	西藏自治区文化厅

附录（二）

2008年第二批国家级非物质文化遗产名录（重庆市）

序号	编号	名称	类别	保护单位
1	Ⅱ-37	唢呐艺术（永城吹打）	传统音乐	重庆市綦江区文化馆
2	Ⅱ-84	秀山民歌	传统音乐	秀山土家族苗族自治县文化馆
3	Ⅱ-85	酉阳民歌	传统音乐	酉阳土家族苗族自治县文化馆
4	Ⅱ-101	搬运号子（梁平抬儿调）	传统音乐	重庆市梁平区文化遗产保护中心
5	Ⅱ-101	搬运号子（龙骨坡抬工号子）	传统音乐	巫山县文化馆（巫山县艺术团）
6	Ⅲ-17	土家族摆手舞（酉阳摆手舞）	传统舞蹈	酉阳土家族苗族自治县文化馆
7	Ⅴ-76	四川竹琴	曲艺	重庆市三峡曲艺保护传承中心（重庆市三峡曲艺团）
8	Ⅴ-88	车灯	曲艺	重庆市曲艺团有限责任公司
9	Ⅶ-21	蜀绣	传统美术	重庆市渝中区文化馆
10	Ⅶ-51	竹编（梁平竹帘）	传统美术	重庆市梁平区文化遗产保护中心
11	Ⅷ-81	制扇技艺（荣昌折扇）	传统技艺	重庆市荣昌区文化馆
12	Ⅷ-102	夏布织造技艺	传统技艺	重庆市荣昌区文化馆

续表

序号	编号	名称	类别	保护单位
13	Ⅷ-127	漆器髹饰技艺（重庆漆器髹饰技艺）	传统技艺	重庆市文化研究院（重庆市非物质文化遗产保护中心、重庆市文化行业特有工种职业技能鉴定站）
14	Ⅷ-156	豆豉酿制技艺（永川豆豉酿制技艺）	传统技艺	重庆市永川豆豉食品有限公司
15	Ⅷ-159	榨菜传统制作技艺（涪陵榨菜传统制作技艺）	传统技艺	重庆市涪陵辣妹子集团有限公司
16	Ⅸ-5	针灸（刘氏刺熨疗法）	传统医药	重庆少林堂中医诊所

2008年第二批国家级非物质文化遗产名录（四川省）

序号	编号	名称	类别	保护单位
1	Ⅰ-75	彝族克智	民间文学	美姑县文化馆
2	Ⅱ-27	薅草锣鼓（川东土家族薅草锣鼓）	传统音乐	宣汉县文化馆
3	Ⅱ-30	多声部民歌（羌族多声部民歌）	传统音乐	松潘县文化馆
4	Ⅱ-30	多声部民歌（硗碛多声部民歌）	传统音乐	宝兴县文化馆
5	Ⅱ-88	南坪曲子	传统音乐	九寨沟县文化馆
6	Ⅱ-102	制作号子（竹麻号子）	传统音乐	邛崃市文化馆
7	Ⅱ-115	藏族民歌（川西藏族山歌）	传统音乐	甘孜藏族自治州文化馆
8	Ⅱ-115	藏族民歌（川西藏族山歌）	传统音乐	阿坝藏族羌族自治州文化馆（阿坝藏族羌族自治州美术馆）
9	Ⅱ-115	藏族民歌（川西藏族山歌）	传统音乐	炉霍县文化馆
10	Ⅱ-115	藏族民歌（玛达咪山歌）	传统音乐	九龙县文化馆
11	Ⅱ-128	洞经音乐（文昌洞经古乐）	传统音乐	梓潼县文化馆
12	Ⅱ-136	口弦音乐	传统音乐	布拖县文化馆

续表

序号	编号	名称	类别	保护单位
13	Ⅱ-139	道教音乐（成都道教音乐）	传统音乐	成都市道教协会
14	Ⅲ-4	龙舞（黄龙溪火龙灯舞）	传统舞蹈	双流区文化馆
15	Ⅲ-20	锅庄舞（甘孜锅庄）	传统舞蹈	石渠县文化馆
16	Ⅲ-20	锅庄舞（甘孜锅庄）	传统舞蹈	雅江县文化馆
17	Ⅲ-20	锅庄舞（甘孜锅庄）	传统舞蹈	新龙县文化馆
18	Ⅲ-20	锅庄舞（甘孜锅庄）	传统舞蹈	德格县文化馆
19	Ⅲ-20	锅庄舞（甘孜锅庄）	传统舞蹈	金川县文化馆
20	Ⅲ-55	翻山铰子	传统舞蹈	平昌县文化馆
21	Ⅲ-62	羌族羊皮鼓舞	传统舞蹈	汶川县文化馆
22	Ⅲ-66	得荣学羌	传统舞蹈	得荣县文化馆
23	Ⅲ-67	甲搓	传统舞蹈	盐源县文化馆
24	Ⅲ-68	博巴森根	传统舞蹈	理县文化馆
25	Ⅳ-80	藏戏（德格格萨尔藏戏）	传统戏剧	德格县文化馆
26	Ⅳ-80	藏戏（巴塘藏戏）	传统戏剧	巴塘县文化馆
27	Ⅳ-80	藏戏（色达藏戏）	传统戏剧	色达县文化馆
28	Ⅳ-91	皮影戏（四川皮影戏）	传统戏剧	四川川北皮影艺术团
29	Ⅳ-91	皮影戏（四川皮影戏）	传统戏剧	南部县文化馆
30	Ⅴ-75	四川扬琴	曲艺	四川省曲艺研究院
31	Ⅴ-75	四川扬琴	曲艺	四川省艺术研究院
32	Ⅴ-75	四川扬琴	曲艺	成都市非物质文化遗产保护中心（成都市非物质文化遗产艺术研究院）
33	Ⅴ-76	四川竹琴	曲艺	成都市非物质文化遗产保护中心（成都市非物质文化遗产艺术研究院）

续表

序号	编号	名称	类别	保护单位
34	Ⅴ-77	四川清音	曲艺	成都市非物质文化遗产保护中心（成都市非物质文化遗产艺术研究院）
35	Ⅴ-91	金钱板	曲艺	成都市非物质文化遗产保护中心（成都市非物质文化遗产艺术研究院）
36	Ⅵ-23	峨眉武术	传统体育、游艺与杂技	峨眉山市体育总会
37	Ⅶ-46	竹刻（江安竹簧）	传统美术	江安县文化馆
38	Ⅶ-47	泥塑（徐氏泥彩塑）	传统美术	大英县文物管理所（大英县汉陶博物馆）
39	Ⅶ-51	竹编（渠县刘氏竹编）	传统美术	四川刘氏竹编工艺有限公司
40	Ⅶ-51	竹编（青神竹编）	传统美术	青神县文物保护中心
41	Ⅶ-51	竹编（瓷胎竹编）	传统美术	邛崃市文化馆
42	Ⅶ-54	草编（沐川草龙）	传统美术	沐川县文化馆
43	Ⅶ-56	石雕（白花石刻）	传统美术	广元市利州区文化馆
44	Ⅶ-56	石雕（安岳石刻）	传统美术	安岳县文化馆
45	Ⅶ-64	藏文书法（德格藏文书法）	传统美术	德格县文化馆
46	Ⅶ-65	木版年画（夹江年画）	传统美术	夹江县文化馆
47	Ⅶ-76	羌族刺绣	传统美术	汶川县文化馆
48	Ⅶ-77	民间绣活（麻柳刺绣）	传统美术	汶川县文化馆
49	Ⅶ-88	糖塑（成都糖画）	传统美术	广元市朝天区文化馆
50	Ⅷ-26	扎染技艺（自贡扎染技艺）	传统技艺	自贡市扎染工艺有限公司
51	Ⅷ-40	银饰制作技艺（彝族银饰制作技艺）	传统技艺	布拖县文化馆
52	Ⅷ-81	制扇技艺（龚扇）	传统技艺	自贡市龚扇竹编工艺厂

续表

序号	编号	名称	类别	保护单位
53	Ⅷ-98	陶器烧制技艺（藏族黑陶烧制技艺）	传统技艺	稻城县文化馆
54	Ⅷ-98	陶器烧制技艺（荥经砂器烧制技艺）	传统技艺	荥经县非物质文化遗产保护中心
55	Ⅷ-101	毛纺织及擀制技艺（彝族毛纺织及擀制技艺）	传统技艺	昭觉县彝族服饰文化研究中心
56	Ⅷ-101	毛纺织及擀制技艺（藏族牛羊毛编织技艺）	传统技艺	色达县文化馆
57	Ⅷ-120	藏族金属锻造技艺（藏族锻铜技艺）	传统技艺	白玉县文化馆
58	Ⅷ-121	成都银花丝制作技艺	传统技艺	成都金银制品有限责任公司
59	Ⅷ-128	彝族漆器髹饰技艺	传统技艺	凉山彝族自治州民政民族工艺厂
60	Ⅷ-140	伞制作技艺（油纸伞制作技艺）	传统技艺	泸州市江阳区分水伞厂
61	Ⅷ-144	蒸馏酒传统酿造技艺（五粮液酒传统酿造技艺）	传统技艺	四川省宜宾五粮液集团有限公司
62	Ⅷ-144	蒸馏酒传统酿造技艺（水井坊酒传统酿造技艺）	传统技艺	水井坊股份有限公司
63	Ⅷ-144	蒸馏酒传统酿造技艺（剑南春酒传统酿造技艺）	传统技艺	四川剑南春集团有限责任公司
64	Ⅷ-144	蒸馏酒传统酿造技艺（古蔺郎酒传统酿造技艺）	传统技艺	四川省古蔺郎酒厂有限公司
65	Ⅷ-144	蒸馏酒传统酿造技艺（沱牌曲酒传统酿造技艺）	传统技艺	舍得酒业股份有限公司
66	Ⅷ-152	黑茶制作技艺（南路边茶制作技艺）	传统技艺	雅安市非物质文化遗产保护中心（雅安市茶马古道研究中心）
67	Ⅷ-155	豆瓣传统制作技艺（郫县豆瓣传统制作技艺）	传统技艺	成都市郫都区食品工业协会
68	Ⅷ-156	豆豉酿制技艺（潼川豆豉酿制技艺）	传统技艺	潼川农产品开发有限责任公司

续表

序号	编号	名称	类别	保护单位
69	Ⅷ-186	藏族碉楼营造技艺	传统技艺	丹巴县文化馆
70	Ⅸ-3	中药炮制技术（中药炮制技艺）	传统医药	成都中医药大学药学院
71	Ⅹ-81	灯会（自贡灯会）	民俗	中国彩灯博物馆（自贡彩灯公园管理处）
72	Ⅹ-82	羌年	民俗	茂县文化馆
73	Ⅹ-82	羌年	民俗	汶川县文化馆
74	Ⅹ-82	羌年	民俗	理县文化馆
75	Ⅹ-82	羌年	民俗	北川羌族自治县文化馆
76	Ⅹ-87	抬阁（芯子、铁枝、飘色）（大坝高装）	民俗	兴文县文化馆
77	Ⅹ-87	抬阁（芯子、铁枝、飘色）（青林口高抬戏）	民俗	江油市文化馆
78	Ⅹ-104	三汇彩亭会	民俗	渠县文化馆

2008年第二批国家级非物质文化遗产名录（贵州省）

序号	编号	名称	类别	保护单位
1	Ⅰ-61	仰阿莎	民间文学	黔东南苗族侗族自治州文化研究所
2	Ⅰ-62	布依族盘歌	民间文学	盘州市非物质文化遗产保护中心
3	Ⅰ-73	珠郎娘美	民间文学	榕江县非物质文化遗产保护中心
4	Ⅰ-73	珠郎娘美	民间文学	从江县非物质文化遗产保护中心
5	Ⅰ-76	苗族贾理	民间文学	黔东南苗族侗族自治州文化研究所
6	Ⅱ-28	侗族大歌	传统音乐	从江县非物质文化遗产保护中心
7	Ⅱ-28	侗族大歌	传统音乐	榕江县非物质文化遗产保护中心
8	Ⅱ-30	多声部民歌（苗族多声部民歌）	传统音乐	台江县非物质文化遗产保护中心
9	Ⅱ-30	多声部民歌（苗族多声部民歌）	传统音乐	剑河县文化馆

续表

序号	编号	名称	类别	保护单位
10	Ⅱ-109	苗族民歌（苗族飞歌）	传统音乐	雷山县非物质文化遗产保护中心
11	Ⅱ-112	布依族民歌（好花红调）	传统音乐	惠水县非物质文化遗产保护中心
12	Ⅱ-129	芦笙音乐（苗族芒筒芦笙）	传统音乐	丹寨县非物质文化遗产保护中心
13	Ⅱ-130	布依族勒尤	传统音乐	贞丰县文化馆
14	Ⅱ-130	布依族勒尤	传统音乐	兴义市文化馆
15	Ⅱ-130	布依族勒尤	传统音乐	镇宁布依族苗族自治县文化馆
16	Ⅲ-5	狮舞（布依族高台狮灯舞）	传统舞蹈	兴义市文化馆
17	Ⅲ-23	苗族芦笙舞	传统舞蹈	雷山县非物质文化遗产保护中心
18	Ⅲ-23	苗族芦笙舞	传统舞蹈	关岭布依族苗族自治县文化馆
19	Ⅲ-23	苗族芦笙舞	传统舞蹈	榕江县非物质文化遗产保护中心
20	Ⅲ-23	苗族芦笙舞	传统舞蹈	水城县非物质文化遗产保护中心
21	Ⅲ-26	铜鼓舞（雷山苗族铜鼓舞）	传统舞蹈	雷山县非物质文化遗产保护中心
22	Ⅲ-63	毛南族打猴鼓舞	传统舞蹈	平塘县文物管理所（平塘县非物质文化遗产研究开发中心）
23	Ⅲ-64	瑶族猴鼓舞	传统舞蹈	荔波县文化保护与文化产业发展中心
24	Ⅲ-69	彝族铃铛舞	传统舞蹈	赫章县文化馆
25	Ⅳ-78	花灯戏	传统戏剧	独山县文化馆
26	Ⅳ-89	傩戏（仡佬族傩戏）	传统戏剧	道真仡佬族苗族自治县非物质文化遗产传承和保护中心
27	Ⅳ-131	黔剧	传统戏剧	贵州省黔剧院
28	Ⅶ-16	剪纸（苗族剪纸）	传统美术	剑河县文化馆
29	Ⅶ-22	苗绣	传统美术	凯里市非物质文化遗产保护中心（凯里市民族歌舞文化传承保护研究中心）

续表

序号	编号	名称	类别	保护单位
30	Ⅶ-47	泥塑（苗族泥哨）	传统美术	黄平县非物质文化遗产保护中心
31	Ⅷ-25	蜡染技艺	传统技艺	安顺市文化馆（安顺市文化艺术培训中心）
32	Ⅷ-30	侗族木构建筑营造技艺	传统技艺	黎平县文化馆
33	Ⅷ-30	侗族木构建筑营造技艺	传统技艺	从江县非物质文化遗产保护中心
34	Ⅷ-40	银饰制作技艺（苗族银饰制作技艺）	传统技艺	黄平县非物质文化遗产保护中心
35	Ⅷ-98	陶器烧制技艺（牙舟陶器烧制技艺）	传统技艺	平塘县文物管理所（平塘县非物质文化遗产研究开发中心）
36	Ⅷ-105	苗族织锦技艺	传统技艺	麻江县非物质文化遗产保护中心
37	Ⅷ-105	苗族织锦技艺	传统技艺	雷山县非物质文化遗产保护中心
38	Ⅷ-108	枫香印染技艺	传统技艺	惠水县非物质文化遗产保护中心
39	Ⅷ-108	枫香印染技艺	传统技艺	麻江县非物质文化遗产保护中心
40	Ⅷ-128	彝族漆器髹饰技艺	传统技艺	大方县非物质文化遗产保护中心
41	Ⅸ-4	中医传统制剂方法（廖氏化风丹制作技艺）	传统医药	贵州万胜药业有限责任公司
42	Ⅸ-4	中医传统制剂方法（廖氏化风丹制作技艺）	传统医药	遵义廖元和堂药业有限公司
43	Ⅸ-11	传统中医药文化（同济堂传统中药文化）	传统医药	国药集团同济堂（贵州）制药有限公司
44	Ⅸ-14	瑶族医药（药浴疗法）	传统医药	从江县非物质文化遗产保护中心
45	Ⅸ-15	苗医药（骨伤蛇伤疗法）	传统医药	雷山县非物质文化遗产保护中心

续表

序号	编号	名称	类别	保护单位
46	Ⅸ-15	苗医药（九节茶药制作工艺）	传统医药	黔东南苗族侗族自治州民族医药研究院（黔东南苗族侗族自治州苗医药研究院、黔东南苗族侗族自治州民族医药研究院附属苗医医院）
47	Ⅸ-16	侗医药（过路黄药制作工艺）	传统医药	黔东南苗族侗族自治州民族医药研究院（黔东南苗族侗族自治州苗医药研究院、黔东南苗族侗族自治州民族医药研究院附属苗医医院）
48	Ⅹ-25	侗族萨玛节	民俗	黎平县文化馆
49	Ⅹ-65	苗族服饰	民俗	桐梓县文化馆
50	Ⅹ-65	苗族服饰	民俗	安顺市西秀区文化馆
51	Ⅹ-65	苗族服饰	民俗	关岭布依族苗族自治县文化馆
52	Ⅹ-65	苗族服饰	民俗	纳雍县文物（非物质文化）管理所
53	Ⅹ-65	苗族服饰	民俗	剑河县文化馆
54	Ⅹ-65	苗族服饰	民俗	台江县非物质文化遗产保护中心
55	Ⅹ-65	苗族服饰	民俗	榕江县非物质文化遗产保护中心
56	Ⅹ-65	苗族服饰	民俗	六枝特区文化馆
57	Ⅹ-65	苗族服饰	民俗	丹寨县非物质文化遗产保护中心
58	Ⅹ-75	苗族独木龙舟节	民俗	台江县非物质文化遗产保护中心
59	Ⅹ-76	苗族跳花节	民俗	安顺市文化馆（安顺市文化艺术培训中心）
60	Ⅹ-83	苗年	民俗	丹寨县非物质文化遗产保护中心
61	Ⅹ-83	苗年	民俗	雷山县非物质文化遗产保护中心

2008年第二批国家级非物质文化遗产名录（云南省）

序号	编号	名称	类别	保护单位
1	Ⅰ-63	梅葛	民间文学	楚雄彝族自治州文化馆

续表

序号	编号	名称	类别	保护单位
2	Ⅰ-64	查姆	民间文学	双柏县文化馆
3	Ⅰ-65	达古达楞格莱标	民间文学	德宏州文化馆
4	Ⅰ-66	哈尼哈吧	民间文学	元阳县文化馆
5	Ⅰ-67	召树屯与喃木诺娜	民间文学	西双版纳傣族自治州文化馆
6	Ⅰ-74	司岗里	民间文学	沧源佤族自治县文化馆
7	Ⅱ-96	姚安坝子腔	传统音乐	姚安县文化馆
8	Ⅱ-113	彝族民歌（彝族酒歌）	传统音乐	武定县文化馆
9	Ⅱ-114	布朗族民歌（布朗族弹唱）	传统音乐	勐海县文化馆
10	Ⅱ-128	洞经音乐（妙善学女子洞经音乐）	传统音乐	通海县文化馆
11	Ⅲ-61	傣族象脚鼓舞	传统舞蹈	芒市文化馆（芒市非物质文化遗产保护中心）
12	Ⅲ-61	傣族象脚鼓舞	传统舞蹈	西双版纳傣族自治州文化馆
13	Ⅲ-70	彝族打歌	传统舞蹈	巍山彝族回族自治县文化馆
14	Ⅲ-71	彝族跳菜	传统舞蹈	南涧彝族自治县文化馆
15	Ⅲ-72	彝族老虎笙	传统舞蹈	双柏县文化馆
16	Ⅲ-73	彝族左脚舞	传统舞蹈	牟定县文化馆
17	Ⅲ-74	乐作舞	传统舞蹈	红河县文化馆
18	Ⅲ-75	彝族三弦舞（阿细跳月）	传统舞蹈	弥勒市文化馆
19	Ⅲ-75	彝族三弦舞（撒尼大三弦）	传统舞蹈	石林彝族自治县文化馆
20	Ⅲ-76	纳西族热美蹉	传统舞蹈	古城区非物质文化遗产保护管理中心
21	Ⅲ-77	布朗族蜂桶鼓舞	传统舞蹈	双江拉祜族佤族布朗族傣族自治县文化馆
22	Ⅲ-78	普米族搓蹉	传统舞蹈	兰坪白族普米族自治县非物质文化遗产保护中心

续表

序号	编号	名称	类别	保护单位
23	Ⅲ-79	拉祜族芦笙舞	传统舞蹈	澜沧拉祜族自治县文化馆
24	Ⅳ-78	花灯戏	传统戏剧	云南省花灯剧院
25	Ⅳ-78	花灯戏	传统戏剧	弥渡县文化馆
26	Ⅳ-78	花灯戏	传统戏剧	姚安县文化馆
27	Ⅳ-78	花灯戏	传统戏剧	元谋县文化馆
28	Ⅳ-82	壮剧	传统戏剧	富宁县民族文化工作队
29	Ⅳ-132	滇剧	传统戏剧	云南省滇剧院
30	Ⅳ-132	滇剧	传统戏剧	玉溪滇剧（国家非物质文化遗产）传承保护展演中心
31	Ⅳ-132	滇剧	传统戏剧	昆明市文化馆
32	Ⅳ-135	佤族清戏	传统戏剧	腾冲市文化馆
33	Ⅳ-136	彝剧	传统戏剧	大姚县文化馆
34	Ⅳ-137	白剧	传统戏剧	大理白族自治州民族文化工作团（大理白族自治州白剧院）
35	Ⅶ-78	彝族（撒尼）刺绣	传统美术	石林彝族自治县文化馆
36	Ⅶ-96	建筑彩绘（白族民居彩绘）	传统美术	大理市非物质文化遗产保护管理所
37	Ⅷ-98	陶器烧制技艺（藏族黑陶烧制技艺）	传统技艺	香格里拉市文化遗产管理所
38	Ⅷ-98	陶器烧制技艺（建水紫陶烧制技艺）	传统技艺	建水县文化馆
39	Ⅷ-106	傣族织锦技艺	传统技艺	西双版纳傣族自治州文化馆
40	Ⅷ-118	斑铜制作技艺	传统技艺	曲靖市文化馆
41	Ⅷ-142	贝叶经制作技艺	传统技艺	西双版纳傣族自治州文化馆
42	Ⅷ-151	普洱茶制作技艺（贡茶制作技艺）	传统技艺	宁洱哈尼族彝族自治县文化馆

续表

序号	编号	名称	类别	保护单位
43	Ⅷ-151	普洱茶制作技艺（大益茶制作技艺）	传统技艺	勐海茶厂（普通合伙）
44	Ⅹ-8	傣族泼水节	民俗	德宏州文化馆
45	Ⅹ-78	德昂族浇花节	民俗	德宏州文化馆
46	Ⅹ-105	石宝山歌会	民俗	剑川县文化馆
47	Ⅹ-106	大理三月街	民俗	大理市非物质文化遗产保护管理所

2008年第二批国家级非物质文化遗产名录（西藏自治区）

序号	编号	名称	类别	保护单位
1	Ⅱ-138	佛教音乐（直孔噶举派音乐）	传统音乐	西藏拉萨市墨竹工卡县直孔替寺管理委员会
2	Ⅲ-80	宣舞（古格宣舞）	传统舞蹈	札达县文化和旅游局
3	Ⅲ-80	宣舞（普堆巴宣舞）	传统舞蹈	墨竹工卡县文化和旅游局（墨竹工卡县文物局）
4	Ⅲ-81	拉萨囊玛	传统舞蹈	拉萨市城关区娘热民间艺术有限公司
5	Ⅲ-82	堆谐（拉孜堆谐）	传统舞蹈	西藏自治区拉孜县文化广播电影电视局
6	Ⅲ-83	谐钦（拉萨纳如谐钦）	传统舞蹈	拉萨市文化局
7	Ⅲ-83	谐钦（南木林土布加谐钦）	传统舞蹈	南木林县文化和旅游局
8	Ⅲ-84	阿谐（达布阿谐）	传统舞蹈	西藏那曲市比如县文化和旅游局
9	Ⅲ-85	嘎尔	传统舞蹈	西藏自治区群众艺术馆（西藏自治区非物质文化遗产保护中心）
10	Ⅲ-86	芒康三弦舞	传统舞蹈	西藏自治区昌都市芒康县文化局
11	Ⅲ-87	定日洛谐	传统舞蹈	定日县文化和旅游局
12	Ⅲ-88	旦嘎甲谐	传统舞蹈	萨嘎县文化和旅游局
13	Ⅲ-89	廊孜	传统舞蹈	曲水县文化和旅游局（曲水县文物局）

续表

序号	编号	名称	类别	保护单位
14	Ⅵ-43	赛马会（当吉仁赛马会）	传统体育、游艺与杂技	当雄县文化和旅游局（文物局）
15	Ⅶ-14	藏族唐卡（昌都嘎玛嘎赤画派）	传统美术	西藏自治区昌都市卡若区文化局
16	Ⅶ-14	藏族唐卡（墨竹工卡直孔刺绣唐卡）	传统美术	墨竹工卡县文化和旅游局（墨竹工卡县文物局）
17	Ⅷ-80	藏族雕版印刷技艺（波罗古泽刻版制作技艺）	传统技艺	西藏自治区昌都市江达县文化局
18	Ⅷ-120	藏族金属锻造技艺（藏族锻铜技艺）	传统技艺	南木林县文化和旅游局
19	Ⅷ-120	藏族金属锻造技艺（藏刀锻制技艺）	传统技艺	拉孜县文化新闻出版广电局
20	Ⅷ-141	藏香制作技艺	传统技艺	西藏自治区拉萨市尼木县文化广播影视局
21	Ⅷ-141	藏香制作技艺	传统技艺	西藏拉萨市墨竹工卡县直孔替寺管理委员会
22	Ⅷ-153	晒盐技艺（井盐晒制技艺）	传统技艺	西藏自治区昌都市芒康县文化局
23	Ⅸ-9	藏医药（藏医外治法）	传统医药	西藏藏医药大学
24	Ⅸ-9	藏医药（藏医尿诊法）	传统医药	西藏山南市藏医医院
25	Ⅸ-9	藏医药（藏药炮制技艺）	传统医药	西藏自治区藏医院
26	Ⅸ-9	藏医药（藏药七十味珍珠丸配伍技艺）	传统医药	西藏甘露藏药股份有限公司
27	Ⅸ-9	藏医药（藏药珊瑚七十味丸配伍技艺）	传统医药	西藏雄巴拉曲神水藏药有限公司
28	Ⅸ-9	江孜达玛节	民俗	江孜县文化和旅游局
29	Ⅸ-112	珞巴族服饰	民俗	西藏隆子县文化局
30	Ⅸ-112	珞巴族服饰	民俗	西藏林芝市米林市文化和旅游局

续表

序号	编号	名称	类别	保护单位
31	X-113	藏族服饰	民俗	西藏措美县文化局
32	X-113	藏族服饰	民俗	西藏林芝市巴宜区文化和旅游局
33	X-113	藏族服饰	民俗	普兰县文化和旅游局
34	X-113	藏族服饰	民俗	西藏那曲市安多县文化和旅游（文物）局
35	X-113	藏族服饰	民俗	西藏自治区那曲市申扎县文化和旅游局
36	X-121	藏族天文历算	民俗	西藏自治区藏医院

附录（三）

2011年第三批国家级非物质文化遗产名录（重庆市）

序号	编号	名称	类别	保护单位
1	I-124	酉阳古歌	民间文学	酉阳土家族苗族自治县文化馆
2	II-123	锣鼓艺术（小河锣鼓）	传统音乐	重庆市渝北区文化遗产保护中心
3	III-5	狮舞（高台狮舞）	传统舞蹈	彭水苗族土家族自治县文化馆
4	V-75	四川扬琴	曲艺	重庆市曲艺团有限责任公司
5	V-77	四川清音	曲艺	重庆市曲艺团有限责任公司
6	V-91	金钱板	曲艺	重庆市万州区文化馆
7	V-110	四川评书	曲艺	重庆市曲艺团有限责任公司
8	VIII-98	陶器烧制技艺（荣昌陶器制作技艺）	传统技艺	重庆市荣昌区安富街道文化服务中心
9	VIII-211	土家族吊脚楼营造技艺	传统技艺	石柱土家族自治县非物质文化遗产保护中心
10	IX-4	中医传统制剂方法（桐君阁传统丸剂制作技艺）	传统医药	太极集团重庆桐君阁药厂有限公司

2011 年第三批国家级非物质文化遗产名录（四川省）

序号	编号	名称	类别	保护单位
1	Ⅰ-91	禹的传说	民间文学	汶川县文化馆
2	Ⅰ-91	禹的传说	民间文学	北川羌族自治县文化馆
3	Ⅰ-122	羌戈大战	民间文学	汶川县文化馆
4	Ⅱ-115	藏族民歌（藏族赶马调）	传统音乐	冕宁县文化馆
5	Ⅱ-136	口弦音乐	传统音乐	北川羌族自治县文化馆
6	Ⅱ-138	佛教音乐（觉囊梵音）	传统音乐	壤塘县藏洼寺寺庙管理委员会
7	Ⅲ-102	跳曹盖	传统舞蹈	平武县文化馆
8	Ⅶ-94	盆景技艺（川派盆景技艺）	传统美术	四川省盆景协会
9	Ⅶ-97	棕编（新繁棕编）	传统美术	成都市新都区文化馆
10	Ⅶ-106	藏族编织、挑花刺绣工艺	传统美术	阿坝藏族羌族自治州藏族传统编织挑花刺绣协会
11	Ⅷ-25	蜡染技艺（苗族蜡染技艺）	传统技艺	珙县文物管理所（珙县非物质文化遗产保护中心）
12	Ⅷ-186	碉楼营造技艺（羌族碉楼营造技艺）	传统技艺	汶川县文化馆
13	Ⅷ-186	碉楼营造技艺（羌族碉楼营造技艺）	传统技艺	茂县文化馆
14	Ⅹ-129	彝族年	民俗	凉山彝族自治州非物质文化遗产保护中心
15	Ⅹ-139	婚俗（彝族传统婚俗）	民俗	美姑县文化馆

2011 年第三批国家级非物质文化遗产名录（贵州省）

序号	编号	名称	类别	保护单位
1	Ⅰ-118	亚鲁王	民间文学	紫云苗族布依族自治县亚鲁王文化研究中心
2	Ⅱ-29	侗族琵琶歌	传统音乐	从江县非物质文化遗产保护中心

续表

序号	编号	名称	类别	保护单位
3	Ⅱ-109	苗族民歌（苗族飞歌）	传统音乐	剑河县文化馆
4	Ⅱ-113	彝族民歌（彝族山歌）	传统音乐	盘州市非物质文化遗产保护中心
5	Ⅳ-78	花灯戏	传统戏剧	荔波县文化保护与文化产业发展中心
6	Ⅳ-89	彝族民歌（彝族山歌）	传统戏剧	贵州省花灯剧院有限责任公司
7	Ⅵ-65	赛龙舟	传统体育、游艺与杂技	铜仁市碧江区体育事业发展中心
8	Ⅵ-65	赛龙舟	传统体育、游艺与杂技	镇远县非物质文化遗产保护中心
9	Ⅶ-22	苗绣	传统美术	台江县非物质文化遗产保护中心
10	Ⅶ-107	侗族刺绣	传统美术	锦屏县非物质文化遗产保护中心
11	Ⅷ-25	蜡染技艺（黄平蜡染技艺）	传统技艺	黄平县非物质文化遗产保护中心
12	Ⅷ-40	银饰锻制技艺（苗族银饰锻制技艺）	传统技艺	台江县非物质文化遗产保护中心
13	Ⅷ-40	银饰锻制技艺（苗族银饰锻制技艺）	传统技艺	剑河县文化馆
14	Ⅷ-105	苗族织锦技艺	传统技艺	台江县非物质文化遗产保护中心
15	Ⅷ-105	苗族织锦技艺	传统技艺	凯里市非物质文化遗产保护中心（凯里市民族歌舞文化传承保护研究中心）
16	Ⅷ-124	民族乐器制作技艺（苗族芦笙制作技艺）	传统技艺	凯里市非物质文化遗产保护中心（凯里市民族歌舞文化传承保护研究中心）
17	Ⅹ-10	火把节（彝族火把节）	民俗	赫章县文化馆
18	Ⅹ-68	农历二十四节气（石阡说春）	民俗	石阡县文化馆
19	Ⅹ-127	布依族"三月三"	民俗	望谟县文化体育旅游和广播电影电视局文化馆

续表

序号	编号	名称	类别	保护单位
20	X-127	布依族"三月三"	民俗	贞丰县文化馆
21	X-130	侗年	民俗	榕江县非物质文化遗产保护中心
22	X-134	歌会（四十八寨歌节）	民俗	天柱县非物质文化遗产保护中心
23	X-138	月也	民俗	黎平县文化馆
24	X-142	苗族栽岩习俗	民俗	榕江县非物质文化遗产保护中心

2011年第三批国家级非物质文化遗产名录（云南省）

序号	编号	名称	类别	保护单位
1	I-74	司岗里	民间文学	西盟佤族自治县文化馆
2	I-113	坡芽情歌	民间文学	富宁县文化馆
3	I-119	目瑙斋瓦	民间文学	德宏州文化馆
4	I-120	洛奇洛耶与扎斯扎依	民间文学	墨江哈尼族自治县文化馆
5	I-121	阿细先基	民间文学	弥勒市文化馆
6	II-145	弥渡民歌	传统音乐	弥渡县文化馆
7	II-152	纳西族白沙细乐	传统音乐	古城区非物质文化遗产保护管理中心
8	III-103	棕扇舞	传统舞蹈	元江县文化馆
9	IV-91	皮影戏（腾冲皮影戏）	传统戏剧	腾冲市文化馆
10	IV-151	关索戏	传统戏剧	澄江县文化馆
11	VI-21	摔跤（彝族摔跤）	传统体育、游艺与杂技	石林彝族自治县文化馆
12	VII-58	木雕（剑川木雕）	传统美术	剑川县文化馆
13	VIII-124	民族乐器制作技艺（傣族象脚鼓制作技艺）	传统技艺	临沧市临翔区文化馆

续表

序号	编号	名称	类别	保护单位
14	Ⅷ-152	黑茶制作技艺（下关沱茶制作技艺）	传统技艺	云南下关沱茶（集团）股份有限公司
15	Ⅷ-166	火腿制作技艺（宣威火腿制作技艺）	传统技艺	宣威市文化馆
16	Ⅷ-195	乌铜走银制作技艺	传统技艺	石屏县云岳乌银工艺有限公司
17	Ⅸ-9	藏医药（藏医骨伤疗法）	传统医药	迪庆州藏医院
18	Ⅸ-19	彝医药（彝医水膏药疗法）	传统医药	云南省彝族医药研究所
19	Ⅸ-20	傣医药（睡药疗法）	传统医药	西双版纳傣族自治州民族医药研究所（西双版纳傣族自治州傣医医院）
20	Ⅸ-20	傣医药（睡药疗法）	传统医药	德宏傣族景颇族自治州中医医院
21	Ⅹ-87	抬阁（通海高台）	民俗	通海县文化馆
22	Ⅹ-133	祭寨神林	民俗	元阳县文化馆

2011年第三批国家级非物质文化遗产名录（西藏自治区）

序号	编号	名称	类别	保护单位
1	Ⅰ-107	珞巴族始祖传说	民间文学	西藏林芝市米林市文化和旅游局
2	Ⅰ-110	嘉黎民间故事	民间文学	西藏那曲市嘉黎县文化和旅游局
3	Ⅱ-115	藏族民歌（班戈昌鲁）	传统音乐	西藏那曲市班戈县文化和旅游局
4	Ⅲ-22	羌姆（拉康加羌姆）	传统舞蹈	西藏洛扎县文化局
5	Ⅲ-22	羌姆（直孔嘎尔羌姆）	传统舞蹈	西藏拉萨市墨竹工卡县直孔替寺管理委员会
6	Ⅲ-22	羌姆（曲德寺阿羌姆）	传统舞蹈	山南市贡嘎县贡嘎曲德寺管理委员会
7	Ⅲ-83	谐钦（尼玛乡谐钦）	传统舞蹈	西藏那曲市班戈县文化和旅游局
8	Ⅲ-105	协荣仲孜	传统舞蹈	曲水县文化和旅游局（曲水县文物局）
9	Ⅲ-106	普兰果尔孜	传统舞蹈	阿里地区群众艺术馆

续表

序号	编号	名称	类别	保护单位
10	Ⅲ-107	陈塘夏尔巴歌舞	传统舞蹈	定结县文化和旅游局
11	Ⅳ-80	藏戏（尼木塔荣藏戏）	传统戏剧	尼木文化旅游新闻出版广电局（尼木县文物局）
12	Ⅶ-14	藏族唐卡（勉萨画派）	传统美术	西藏唐卡画院
13	Ⅶ-48	酥油花（强巴林寺酥油花）	传统美术	西藏昌都市强巴林寺管理委员会
14	Ⅷ-120	藏族金属锻制技艺（扎西吉彩金银锻铜技艺）	传统技艺	日喀则市桑珠孜区文化和旅游局
15	Ⅷ-199	藏族矿植物颜料制作技艺	传统技艺	拉萨市城关区古艺建筑美术公司
16	Ⅹ-131	藏历年	民俗	拉萨市群众艺术馆

附录（四）

2014年第四批国家级非物质文化遗产代表性项目名录（重庆市）

序号	编号	名称	类别	保护单位
1	Ⅰ-149	广阳镇民间故事	民间文学	重庆市南岸区文化馆
2	Ⅱ-109	苗族民歌	传统音乐	彭水苗族土家族自治县文化馆
3	Ⅲ-121	玩牛	传统舞蹈	石柱土家族自治县非物质文化遗产保护中心
4	Ⅹ-84	庙会（宝顶架香庙会）	民俗	重庆市大足区美术馆（重庆市大足区非物质文化遗产保护中心）
5	Ⅹ-84	庙会（丰都庙会）	民俗	丰都县文化馆

2014年第四批国家级非物质文化遗产代表性项目名录（四川省）

序号	编号	名称	类别	保护单位
1	Ⅰ-141	毕阿史拉则传说	民间文学	金阳县文化馆
2	Ⅰ-152	玛牧	民间文学	喜德县文化馆
3	Ⅱ-30	多声部民歌（阿尔麦多声部民歌）	传统音乐	黑水县文化馆
4	Ⅱ-128	洞经音乐（邛都洞经音乐）	传统音乐	西昌市邛都洞经古乐协会
5	Ⅱ-158	西岭山歌	传统音乐	大邑县文化馆
6	Ⅱ-163	毕摩音乐	传统音乐	美姑县文化馆
7	Ⅲ-82	堆谐（甘孜踢踏）	传统舞蹈	甘孜县文化馆
8	Ⅲ-122	古蔺花灯	传统舞蹈	古蔺县文化馆
9	Ⅲ-123	登嘎甘伯（熊猫舞）	传统舞蹈	九寨沟县文化馆
10	Ⅳ-92	木偶戏（中型杖头木偶戏）	传统戏剧	四川省资中县木偶剧团
11	Ⅳ-157	阳戏（射箭提阳戏）	传统戏剧	广元市昭化区文化馆
12	Ⅶ-51	竹编（道明竹编）	传统美术	崇州市文化馆
13	Ⅶ-114	毕摩绘画	传统美术	美姑县文化馆
14	Ⅷ-100	传统棉纺织技艺（傈僳族火草织布技艺）	传统技艺	德昌县文化馆（县非物质文化遗产保护中心、县美术馆）
15	Ⅷ-110	地毯织造技艺（阆中丝毯织造技艺）	传统技艺	四川银河地毯有限公司
16	Ⅷ-154	酱油酿造技艺（先市酱油酿造技艺）	传统技艺	合江县先市酿造食品有限公司
17	Ⅹ-85	民间信俗（康定转山会）	民俗	康定市文化馆
18	Ⅹ-90	祭祖习俗（凉山彝族尼木措毕祭祀）	民俗	美姑县文化馆
19	Ⅹ-156	彝族服饰	民俗	昭觉县文物管理所

2014年第四批国家级非物质文化遗产代表性项目名录（贵州省）

序号	编号	名称	类别	保护单位
1	Ⅱ-156	土家族民歌	传统音乐	沿河土家族自治县文化馆
2	Ⅲ-23	苗族芦笙舞	传统舞蹈	普安县文化馆
3	Ⅲ-124	阿妹戚托	传统舞蹈	晴隆县文化馆
4	Ⅲ-125	布依族转场舞	传统舞蹈	册亨县文化馆
5	Ⅳ-89	傩戏（庆坛）	传统戏剧	金沙县文化馆
6	Ⅶ-16	剪纸（水族剪纸）	传统美术	黔南布依族苗族自治州非物质文化遗产保护中心（黔南布依族苗族自治州文物管理保护研究所）
7	Ⅷ-148	绿茶制作技艺（都匀毛尖茶制作技艺）	传统技艺	都匀市非物质文化遗产中心
8	Ⅸ-22	布依族医药（益肝草制作技艺）	传统医药	贵定县文化馆（贵定县非物质文化遗产保护中心）
9	Ⅹ-12	三月三（报京三月三）	民俗	镇远县非物质文化遗产保护中心
10	Ⅹ-19	苗族鼓藏节	民俗	榕江县非物质文化遗产保护中心
11	Ⅹ-85	民间信俗（屯堡抬亭子）	民俗	安顺市西秀区文化馆
12	Ⅹ-142	规约习俗（侗族款约）	民俗	黎平县文化馆
13	Ⅹ-150	仡佬族三幺台习俗	民俗	道真仡佬族苗族自治县非物质文化遗产传承和保护中心
14	Ⅹ-157	布依族服饰	民俗	贵州省非物质文化遗产保护中心
15	Ⅹ-158	侗族服饰	民俗	黔东南州非物质文化遗产保护中心

2014年第四批国家级非物质文化遗产代表性项目名录（云南省）

序号	编号	名称	类别	保护单位
1	Ⅰ-153	黑白战争	民间文学	古城区非物质文化遗产保护管理中心
2	Ⅱ-164	剑川白曲	传统音乐	剑川县文化馆

续表

序号	编号	名称	类别	保护单位
3	Ⅲ-21	热巴舞	传统舞蹈	迪庆藏族自治州非物质文化遗产保护中心
4	Ⅲ-126	耳子歌	传统舞蹈	云龙县文化馆
5	Ⅲ-127	铓鼓舞	传统舞蹈	建水县文化馆
6	Ⅲ-128	水鼓舞	传统舞蹈	瑞丽市文化馆
7	Ⅲ-129	怒族达比亚舞	传统舞蹈	福贡县文化馆
8	Ⅷ-40	银饰锻制技艺（鹤庆银器锻制技艺）	传统技艺	鹤庆县文化馆
9	Ⅷ-149	红茶制作技艺（滇红茶制作技艺）	传统技艺	云南滇红集团股份有限公司
10	Ⅷ-235	蒙自过桥米线制作技艺	传统技艺	蒙自市文化馆
11	Ⅸ-4	中医传统制剂方法（昆中药传统中药制剂）	传统医药	昆明中药厂有限公司
12	Ⅸ-19	彝医药（拨云锭制作技艺）	传统医药	楚雄老拨云堂药业有限公司
13	Ⅹ-85	民间信俗（梅里神山祭祀）	民俗	德钦县非物质文化遗产保护中心
14	Ⅹ-85	民间信俗（女子太阳山祭祀）	民俗	西畴县民族文化群众艺术馆
15	Ⅹ-107	茶俗（白族三道茶）	民俗	大理市非物质文化遗产保护管理所
16	Ⅹ-146	苗族花山节	民俗	屏边苗族自治县文化馆
17	Ⅹ-156	彝族服饰	民俗	楚雄彝族自治州文化馆

2014年第四批国家级非物质文化遗产代表性项目名录（西藏自治区）

序号	编号	名称	类别	保护单位
1	Ⅱ-21	藏族拉伊（那曲拉伊）	传统音乐	西藏那曲市群众艺术馆

续表

序号	编号	名称	类别	保护单位
2	Ⅱ-138	佛教音乐（雄色寺绝鲁）	传统音乐	曲水县文化和旅游局（曲水县文物局）
3	Ⅲ-22	羌姆（桑耶寺羌姆）	传统舞蹈	山南市桑耶寺管理委员会
4	Ⅲ-22	羌姆（门巴族拔羌姆）	传统舞蹈	西藏错那市文化局（文物局）
5	Ⅲ-22	羌姆（江洛德庆曲林寺尼姑羌姆）	传统舞蹈	日喀则市桑珠孜区文化和旅游局
6	Ⅲ-22	羌姆（林芝米纳羌姆）	传统舞蹈	西藏林芝市巴宜区文化和旅游局
7	Ⅲ-39	卓舞（琼结久河卓舞）	传统舞蹈	西藏琼结县文化局（文物局）
8	Ⅲ-80	宣舞（札达卡尔玛宣舞）	传统舞蹈	阿里地区群众艺术馆
9	Ⅶ-64	藏文书法（尼赤）	传统美术	西藏图书馆
10	Ⅶ-115	彩砂坛城绘制	传统美术	日喀则市扎什伦布寺管理委员会
11	Ⅷ-124	民族乐器制作技艺（扎念琴制作技艺）	传统技艺	拉孜县文化新闻出版广电局
12	Ⅸ-9	藏医药（山南藏医药浴法）	传统医药	西藏山南市藏医医院
13	Ⅹ-145	望果节	民俗	西藏自治区群众艺术馆（区非物质文化遗产保护中心）

附录（五）

2021年第五批国家级非物质文化遗产代表性项目名录（重庆市）

序号	编号	名称	类别	保护单位
1	Ⅳ-157	阳戏（酉阳土家面具阳戏）	传统戏剧	酉阳土家族苗族自治县文化馆
2	Ⅵ-109	蹬技（重庆蹬技）	传统体育、游艺与杂技	重庆杂技艺术团有限责任公司

续表

序号	编号	名称	类别	保护单位
3	Ⅶ-25	挑花（巫溪嫁花）	传统美术	巫溪县文化馆
4	Ⅶ-56	石雕（大足石雕）	传统美术	重庆市大足区美术馆（重庆市大足区非物质文化遗产保护中心）
5	Ⅶ-58	木雕（奉节木雕）	传统美术	奉节县文化馆（奉节县非物质文化遗产保护中心）
6	Ⅶ-66	彩扎（铜梁龙灯彩扎）	传统美术	重庆市铜梁区文化馆（重庆市铜梁区龙文化发展研究中心、重庆市铜梁区非物质文化遗产保护中心）
7	Ⅸ-5	针灸（赵氏雷火灸）	传统医药	重庆市渝中区赵氏雷火灸传统医药研究所
8	Ⅸ-6	中医正骨疗法（燕青门正骨疗法）	传统医药	重庆正刚中医骨科医院有限公司
9	Ⅹ-163	秀山苗族羊马节	民俗	秀山土家族苗族自治县文化馆

2021年第五批国家级非物质文化遗产代表性项目名录（四川省）

序号	编号	名称	类别	保护单位
1	Ⅲ-4	龙舞（安仁板凳龙）	传统舞蹈	达州市达川区文化馆
2	Ⅳ-168	端公戏（旺苍端公戏）	传统戏剧	旺苍县文化馆
3	Ⅵ-83	藏棋	传统体育、游艺与杂技	阿坝县藏棋协会
4	Ⅵ-94	青城武术	传统体育、游艺与杂技	都江堰市文化馆
5	Ⅵ-100	滑竿（华蓥山滑竿抬幺妹）	传统体育、游艺与杂技	华蓥市文化馆
6	Ⅶ-14	藏族唐卡（郎卡杰唐卡）	传统美术	炉霍县文化馆（炉霍县非物质文化遗产保护中心）
7	Ⅶ-123	藤编（怀远藤编）	传统美术	崇州市文化馆
8	Ⅶ-130	彝族刺绣（凉山彝族刺绣）	传统美术	凉山彝族自治州非物质文化遗产保护中心
9	Ⅷ-61	酿醋技艺（保宁醋传统酿造工艺）	传统技艺	四川保宁醋有限公司

续表

序号	编号	名称	类别	保护单位
10	Ⅷ-115	手工制鞋技艺（唐昌布鞋制作技艺）	传统技艺	四川宁昌鞋业有限公司
11	Ⅷ-148	绿茶制作技艺（蒙山茶传统制作技艺）	传统技艺	雅安市名山区非物质文化遗产保护中心
12	Ⅷ-272	川菜烹饪技艺	传统技艺	四川旅游学院
13	Ⅷ-284	彝族传统建筑营造技艺（凉山彝族传统民居营造技艺）	传统技艺	美姑县文化馆
14	Ⅸ-2	中医诊疗法（李仲愚杵针疗法）	传统医药	成都中医药大学附属医院（四川省中医医院）

2021年第五批国家级非物质文化遗产代表性项目名录（贵州省）

序号	编号	名称	类别	保护单位
1	Ⅰ-1	苗族古歌（簪汪传）	民间文学	清镇市文化馆
2	Ⅰ-166	巴狄雄萨滚	民间文学	松桃苗族自治县文化馆
3	Ⅱ-176	仡佬族民歌	传统音乐	石阡县文化馆
4	Ⅲ-140	苗族古瓢舞	传统舞蹈	黔东南州非物质文化遗产保护中心
5	Ⅳ-157	阳戏（贵州阳戏）	传统戏剧	贵州省非物质文化遗产保护中心（贵州省非物质文化遗产博览馆）
6	Ⅴ-140	嘎百福	曲艺	黔东南州非物质文化遗产保护中心
7	Ⅴ-141	旭早	曲艺	三都水族自治县非物质文化遗产保护中心
8	Ⅵ-95	布依族武术	传统体育、游艺与杂技	安龙县文化馆
9	Ⅵ-101	赤水独竹漂	传统体育、游艺与杂技	赤水市文化馆
10	Ⅶ-22	苗绣（松桃苗绣）	传统美术	松桃苗族自治县文化馆
11	Ⅶ-131	布依族刺绣	传统美术	黔西南州民族文化中心（黔西南州非物质文化遗产保护中心、黔西南州文物保护中心）
12	Ⅷ-25	蜡染技艺（织金苗族蜡染）	传统技艺	织金县文化馆

续表

序号	编号	名称	类别	保护单位
13	Ⅷ-61	酿醋技艺（赤水晒醋制作技艺）	传统技艺	赤水市文化馆
14	Ⅷ-133	砚台制作技艺（思州石砚制作技艺）	传统技艺	岑巩县非物质文化遗产保护中心
15	Ⅷ-144	蒸馏酒传统酿造技艺（董酒酿制技艺）	传统技艺	贵州董酒股份有限公司
16	Ⅷ-279	凯里酸汤鱼制作技艺	传统技艺	凯里市非物质文化遗产保护中心
17	Ⅸ-15	苗医药（骨髓骨伤药膏）	传统医药	麻江县非物质文化遗产保护中心
18	Ⅹ-71	元宵节（德江炸龙习俗）	民俗	德江县文化遗产保护中心
19	Ⅹ-71	元宵节（苗族舞龙嘘花习俗）	民俗	台江县非物质文化遗产保护中心

2021年第五批国家级非物质文化遗产代表性项目名录（云南省）

序号	编号	名称	类别	保护单位
1	Ⅰ-78	童谣（纳西族童谣）	民间文学	古城区非物质文化遗产保护管理中心
2	Ⅰ-167	都玛简收	民间文学	绿春县文化馆（绿春县非物质文化遗产保护中心）
3	Ⅱ-177	独龙族民歌	传统音乐	云南省贡山独龙族怒族自治县文化馆
4	Ⅱ-187	阿数瑟	传统音乐	镇康县文化馆
5	Ⅱ-189	宣抚司礼仪乐舞	传统音乐	孟连傣族拉祜族佤族自治县文化馆
6	Ⅲ-42	鼓舞（四筒鼓舞）	传统舞蹈	昭通市昭阳区文化馆
7	Ⅲ-42	鼓舞（彝族花鼓舞）	传统舞蹈	峨山彝族自治县文艺创作室（峨山彝族自治县文化遗产保护传承中心）
8	Ⅲ-141	傣族白象、马鹿舞	传统舞蹈	云南省非物质文化遗产保护中心
9	Ⅳ-168	端公戏（昭通端公戏）	传统戏剧	昭通市非物质文化遗产保护中心
10	Ⅳ-169	白族吹吹腔	传统戏剧	云龙县非物质文化遗产保护中心

续表

序号	编号	名称	类别	保护单位
11	Ⅴ-142	大本曲	曲艺	大理市非物质文化遗产保护管理所
12	Ⅵ-105	打陀螺	传统体育、游艺与杂技	云南省非物质文化遗产保护中心
13	Ⅶ-57	玉雕（腾冲玉雕）	传统美术	腾冲市文化馆
14	Ⅷ-249	佤族织锦技艺	传统技艺	西盟佤族自治县文化馆
15	Ⅷ-253	银胎掐丝珐琅器制作技艺（永胜珐琅银器制作技艺）	传统技艺	永胜县文化馆
16	Ⅷ-263	云南围棋子（云子、永子）制作技艺	传统技艺	云南省非物质文化遗产保护中心
17	Ⅷ-268	德昂族酸茶制作技艺	传统技艺	芒市文化馆（芒市非物质文化遗产保护中心）
18	Ⅹ-164	矻扎扎节	民俗	元阳县文化馆
19	Ⅹ-165	特懋克节	民俗	景洪市文化馆
20	Ⅹ-166	三多节	民俗	玉龙纳西族自治县非物质文化遗产保护中心
21	Ⅹ-167	普米族䩄达则封山仪式	民俗	宁蒗彝族自治县非物质文化遗产保护中心
22	Ⅹ-168	阔时节	民俗	泸水市文化馆
23	Ⅹ-183	傣族服饰（花腰傣服饰）	民俗	新平彝族傣族自治县文化馆

2021年第五批国家级非物质文化遗产代表性项目名录（西藏自治区）

序号	编号	名称	类别	保护单位
1	Ⅱ-131	工布扎念博咚	传统音乐	林芝市巴宜区文化和旅游局
2	Ⅱ-178	门巴族萨玛民歌	传统音乐	西藏错那市文化局（文物局）
3	Ⅲ-39	卓舞（热振曲卓）	传统舞蹈	林周县文化和旅游局（林周县文物局）

续表

序号	编号	名称	类别	保护单位
4	Ⅲ-39	卓舞（斯马卓）	传统舞蹈	日喀则市桑珠孜区文化和旅游局
5	Ⅳ-170	巴贡（霞尔巴贡）	传统戏剧	萨迦县文化和旅游局（萨迦县文物局）
6	Ⅴ-143	古尔鲁	曲艺	西藏墨竹工卡县直孔替寺管理委员会
7	Ⅵ-43	赛马会（恰青赛马会）	传统体育、游艺与杂技	那曲市文化和旅游局
8	Ⅶ-14	藏族唐卡（齐吾岗派）	传统美术	西藏自治区群众艺术馆（西藏自治区非物质文化遗产保护中心）
9	Ⅶ-14	藏族唐卡（拉萨堆绣唐卡）	传统美术	拉萨策门林民族手工传承中心
10	Ⅶ-14	藏族唐卡（康勉萨唐卡）	传统美术	昌都市卡若区康勉萨画派唐卡画院
11	Ⅶ-58	木雕（藏族扎囊木雕）	传统美术	扎囊县虱雕工艺农民专业合作社
12	Ⅷ-101	毛纺织及擀制技艺（泽帖尔编制技艺）	传统技艺	乃东区民族哗叽手工编织专业合作社
13	Ⅷ-141	藏香制作技艺（敏珠林寺藏香制作技艺）	传统技艺	西藏扎囊县文化局（西藏扎囊县文物局）
14	Ⅷ-264	擦擦制作技艺（拉萨擦擦制作技艺）	传统技艺	拉萨贡德泥塑文化艺术发展有限公司
15	Ⅷ-285	传统帐篷编制技艺（巴青牛毛帐篷编制技艺）	传统技艺	西藏那曲巴青县文化和旅游局
16	Ⅸ-9	藏医药（索瓦日巴——藏医有关生命、健康及疾病的认知与实践）	传统医药	西藏自治区群众艺术馆（西藏自治区非物质文化遗产保护中心）
17	Ⅸ-9	藏医药（藏医脉泻杂炯疗法）	传统医药	西藏那曲索县藏医院